ぼうけんシール

クリアしたら
ルド世界地図《せかいちず》」に はろう！

どのシールを はるかは
もんだいページに 書《か》いて あるよ！

漢字《かんじ》編《へん》 推奨学年《すいしょうがくねん》：1年生《ねんせい》

これが キミの ぼうけんの ぶたいだ！
ドリルガルド世界地図《せかいちず》
クリアしたら
シールを
はろう！
カキジューン草原《そうげん》
カキジューンのしろ
カキジューンの町《まち》
りゅうおうじょう
オンクーンみさき
1
2
3
4
5
6
7
33
34
35
36
37
38
39
40

平和《へいわ》な　ドリルガルドの　世界《せかい》で
おとなしい　モンスターたちが
とつじょ　あばれだした。
その　げんいんを
見《み》つけるため、
キミは　たび立《だ》つのだ！
そして　あらわれる
強大《きょうだい》なてき
りゅうおうと　でんせつの
ゆうしゃの　そんざい。
かん字《じ》のチカラで
世界《せかい》を　すくう
ぼうけんが　はじまる！

この本《ほん》の使《つか》いかた
(保護者《ほごしゃ》の方《かた》へ)

- 各問題《かくもんだい》の答《こた》えは、巻末《かんまつ》にまとめて掲載《けいさい》しています。
- 「家族《かぞく》でちょうせん！　ウルトラゆうしゃもんだい」は、小学校一年生《しょうがっこういちねんせい》には、少《すこ》し難《むずか》しい、一歩先《いっぽさき》を行《い》くハイレベルな問題《もんだい》です。ぜひご家《か》族《ぞく》いっしょに挑戦《ちょうせん》してください。

家族でちょうせん！
ウルトラゆうしゃもんだい

- 問題《もんだい》が解《と》けたら、冒険《ぼうけん》が進《すす》んだしるしに付属《ふぞく》の「ぼうけんシール」から該当《がいとう》のシールをはがし、巻頭《かんとう》の「ドリルガルド世界地図《せかいちず》」に貼《は》りましょう。どのシールを貼《は》るかは、各問題《かくもんだい》ページに記載《きさい》しています。

モンスターたち

キミが　ぼうけん中《ちゅう》に出会《であ》う　ちょっと　ふしぎなモンスターたち。

キミたち

ドリルガルドをたびしているぼうけんしゃ。

ゆうしゃ

りゅうおうに立《た》ちむかうチカラを　もつゆうしゃ。ドリルガルドのどこかに　いると言《い》われている。

さあ！ ぼうけんの たびに しゅっぱつだ！

❶各問題《かくもんだい》ページの最後《さいご》に、クリアしたらどのシールを貼《は》ればいいかが記載《きさい》されています。

❷「ぼうけんシール」の中《なか》から、そのシールをさがしてはがします。

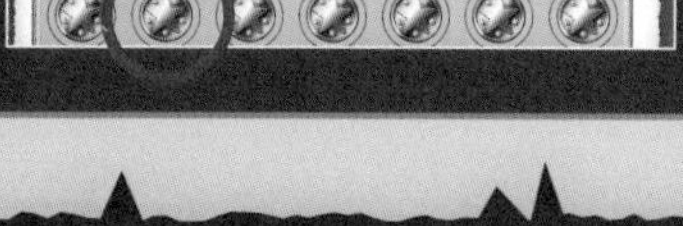

❸巻頭《かんとう》の「ドリルガルド世界地図《せかいちず》」の、その問題《もんだい》の番号《ばんごう》のマスにシールを貼《は》りましょう。

書《か》き順《じゅん》の問題《もんだい》

1 スライムたちが　あばれだした！

カキジューン草原《そうげん》

はてなスライム

たっ　たいへんだ～！
おとなしかった　モンスターが
いきなり　あばれだしたんだ！
たすけて～！

キミたちは　カキジューンの　王《おう》さまに　会《あ》うために
カキジューン草原《そうげん》を　たびして　います。

しばらく　歩《ある》いていると　はてなスライムが
なきながら　こちらへ　にげてきました！

どうやら　ほかの　スライムたちに
おいかけられて　いるようです。

スライムを　たおして、
はてなスライムを
たすけて　あげましょう。

かん字《じ》の　書《か》きじゅんに　そって
一画《いっかく》ずつ　けんをふり、
スライムたちを　こうげきしましょう。
正《ただ》しい　書《か》きじゅんで　けんを　ふれば、
スライムたちを　たおせます。

「十《じゅう》」なら、ヨコ、
タテの　じゅんに
けんを　ふれば
いいんだね！

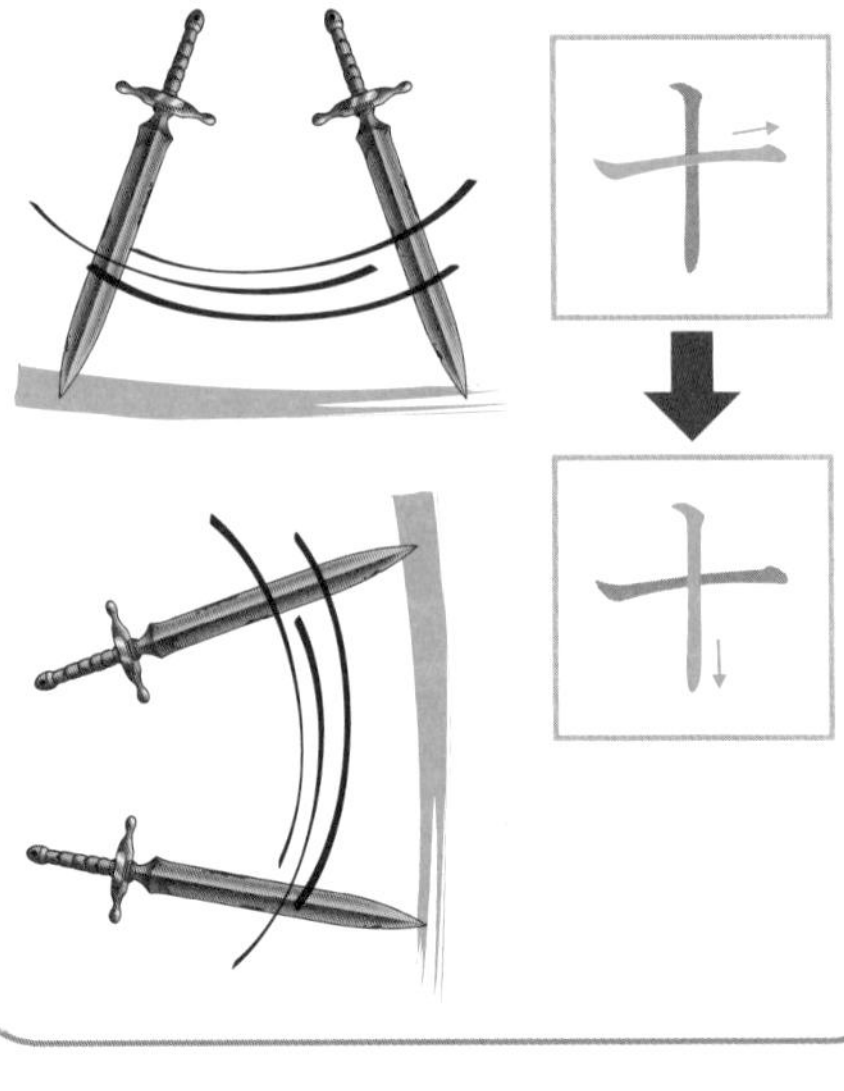

スライムが　二体《にたい》　あらわれた！
「七《しち》」の字《じ》の　書《か》きじゅんで　けんを　ふってみよう！

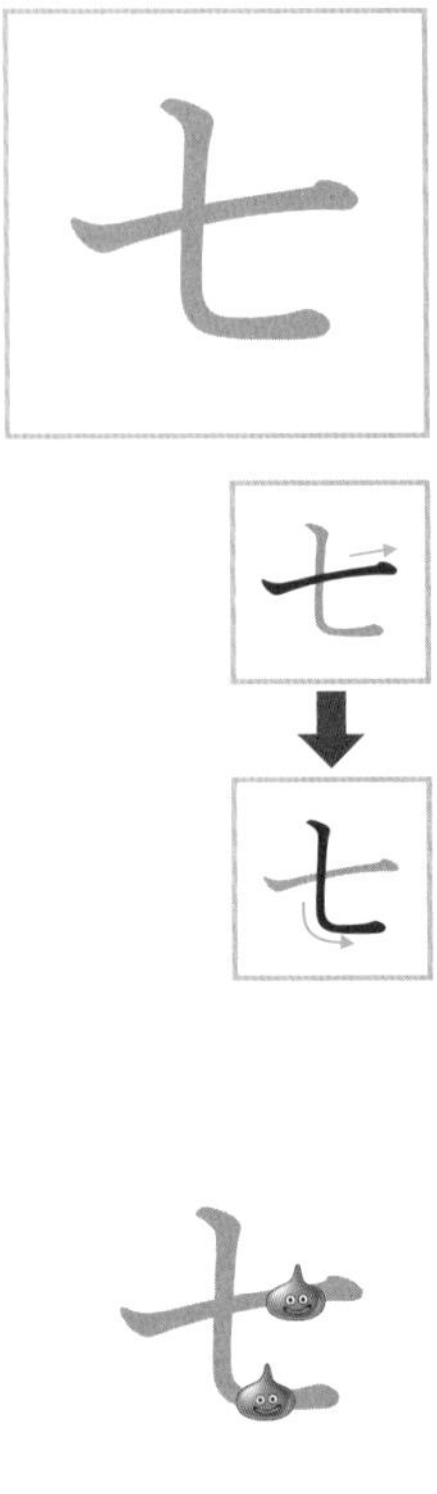

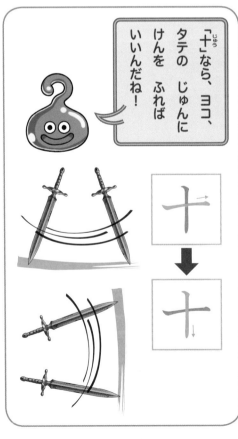

スライムが 三体《さんたい》 あらわれた！
「口《くち》」の字《じ》の 書《か》きじゅんで けんを ふってみよう！

口

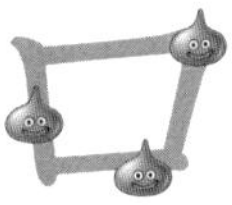

スライムが 四体《よんたい》 あらわれた！
「王《おう》」の字《じ》の 書《か》きじゅんで けんを ふってみよう！

王

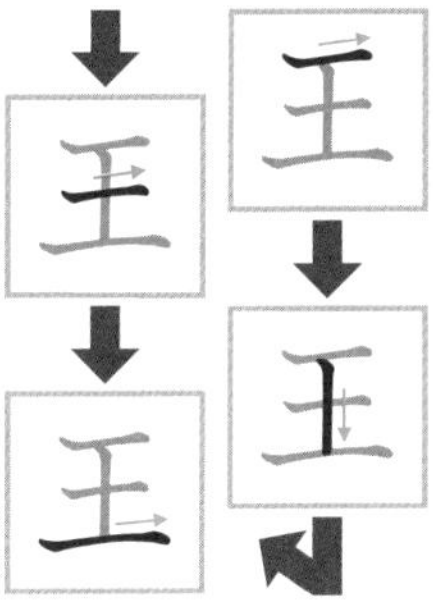

スライムが 五体《ごたい》 あらわれた！
「左《ひだり》」の字《じ》の 書《か》きじゅんで けんを ふってみよう！

左

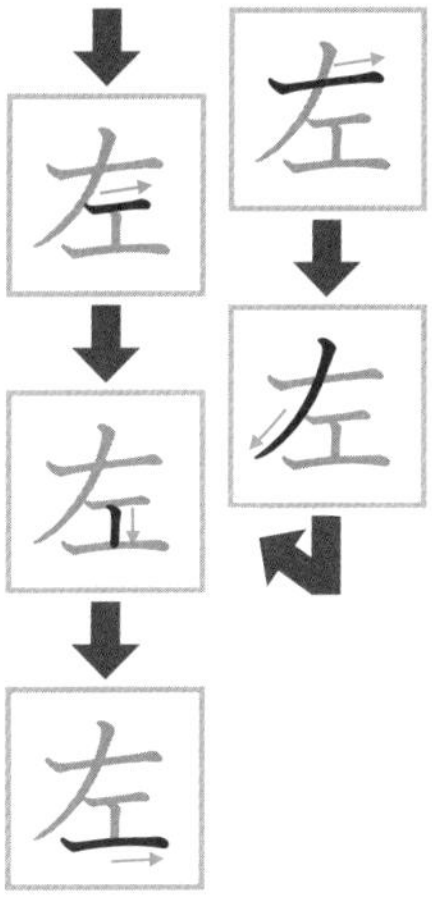

スライムが 六体《ろくたい》 あらわれた！
「名《な》」の字《じ》の 書《か》きじゅんで けんを ふってみよう！

名

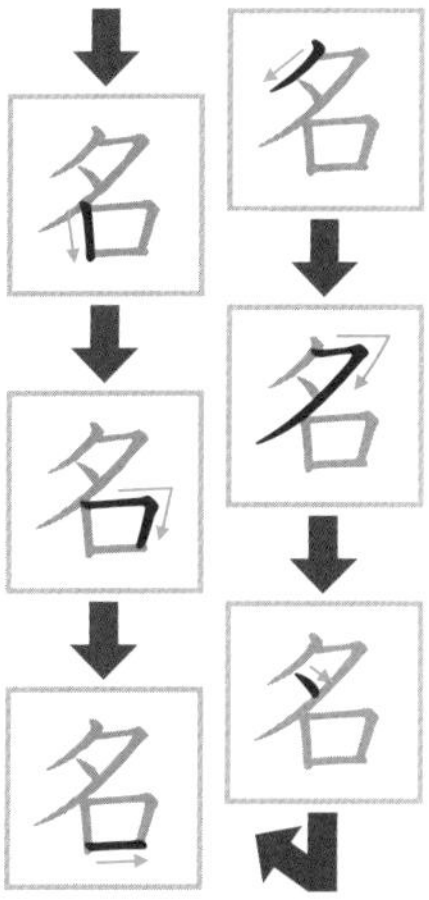

たすけてくれて ありがとう！
ねえ、しばらく キミたちに
ついていっていい？

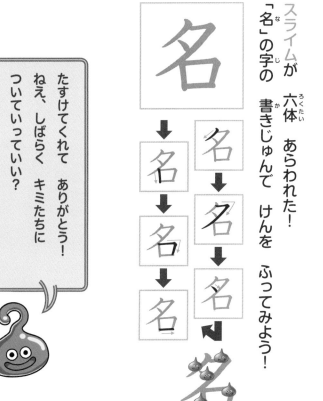

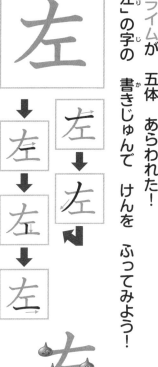

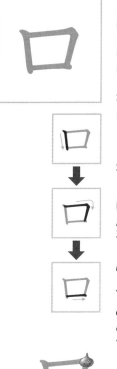

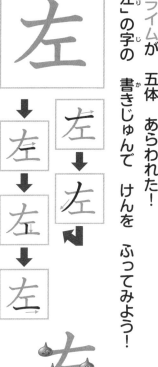

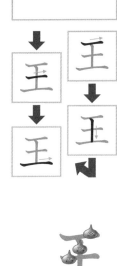

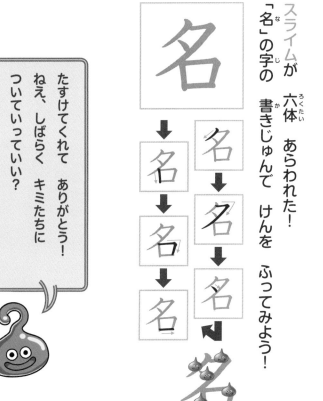

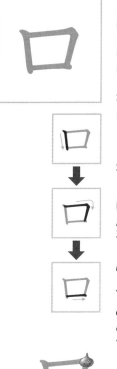

スライムたちを やっつけた！
なんと はてなスライムが
なかまになった！

地図《ちず》の❶に
このシールを
はろう！

クリアした日《ひ》　月《がつ》　日《にち》

なんで スライムは
あばれだしたのかな？

王《おう》さまに ちゃんと
ほうこくしましょう！

2

読《よ》みと文章《ぶんしょう》の問題《もんだい》

王《おう》さまに ほうこくへ 行《い》こう！

カキジューンのしろ

カキジューン王《おう》

ふむふむ　モンスターたちが
あばれはじめているとな？
いったい　何《なに》が
げんいん　なんだろうか。

おしろに　ついた　キミたちは、カキジューン草原《そうげん》に　モンスターが　あらわれたことを、王《おう》さま、王子《おうじ》さま、王女《おうじょ》さま、大《だい》じんに　ほうこくしています。

そこへ　へいしが　入《はい》って　きました。

「王《おう》さま、かん字《じ》が　正《ただ》しく　つかわれず、国《こく》みんが　こまっています！」

へいし

かん字《じ》が　正《ただ》しく　つかわれないと、きみょうなことが　おこり、ドリルガルドの　世界《せかい》は　とんでもないことに　なってしまうのです。

1

つぎの　へいしの　ことばのうち、まちがった　かん字《じ》に　かわってしまった　四《よっ》つの　かん字《じ》に　×をつけて、その右《みぎ》に　正《ただ》しい　かん字《じ》を　書《か》きましょう。

今《いま》、ドリルガルドの　かく地《ち》で、
モンスターが　あばれて、大《ひと》びとを
こまらせています！
王《おう》さま　玉子《おうじ》さま、玉女《おうじょ》さま、犬《だい》じん、
どうか　げんいんを　さぐってください！

本《ほん》ものの　かん字《じ》が
にている　かん字《じ》に
かわって　しまっているよ！

十　本
土さつの木

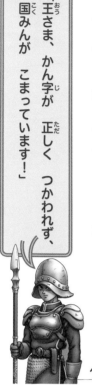

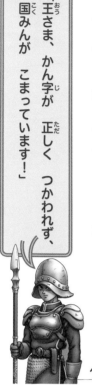

2

王《おう》さまに、モンスターが　あばれる
げんいんを　さぐってほしいと　たのまれました。
そして、たび立《だ》つ　前《まえ》に　王《おう》さまからの
しけんを　うけることに　なりました。

つぎの　かん字《じ》の　中《なか》には、
ほかの　かん字《じ》が　いくつか
かくされておるぞ。
たくさん　見《み》つけられるかな！

カキジューン王《おう》

王 王 王 王 王 王

天 天 天 天

「王《おう》」という　かん字《じ》なら、
「一《いち》」と「二《に》」と、ほかにも
かん字《じ》が　かくされているね！
さがして　なぞってみよう！

家族《かぞく》で ちょうせん！

ウルトラゆうしゃもんだい

つぎの　文《ぶん》の　――の　ぶぶんの　かん字《じ》の
読《よ》み方《かた》を（　）に　書《か》きましょう。

「一日一体《いちにちいったい》の　スライムを　たおすと、
二日（　）で　二体《にたい》、八日（　）で　八体《はったい》、九日（　）で　九体《きゅうたい》、
二十日（　）で　二十体《にじったい》に　なります。」

まずは　町《まち》に　むかいましょう！

しっかり　じゅんび　しないとね！

クリア！

王《おう》さまから　ドリルガルドの
世界地図《せかいちず》を　もらった！
つぎの　町《まち》を　目《め》ざそう！

地図《ちず》の②に
このシールを
はろう！

クリアした日《ひ》　　月《がつ》　　日《にち》

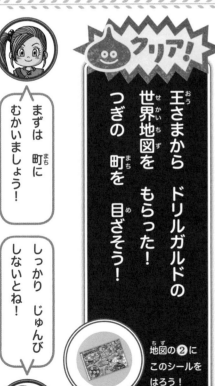

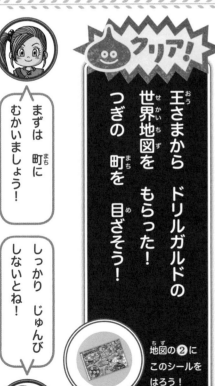

書《か》き取《と》りと文章《ぶんしょう》の問題《もんだい》

3

げんいんちょうさの たびへ!

カキジューンの町《まち》

町《まち》の女《おんな》の人《ひと》

ようこそ カキジューンの町《まち》へ!
だけど この町《まち》に 入《はい》るには
町《まち》にかくされた ひみつを
とかないと だめなのよ。

カキジューンの しろから たび立《だ》った
キミたちは、ぼうけんの じゅんびと、
聞《き》きこみのために、カキジューンの町《まち》に
立《た》ちよりました。

カキジューンの町《まち》の
人《ひと》びとから 話《はなし》を 聞《き》くには、
この町《まち》に かくされた
かん字《じ》の なぞを
とかなければ いけません。

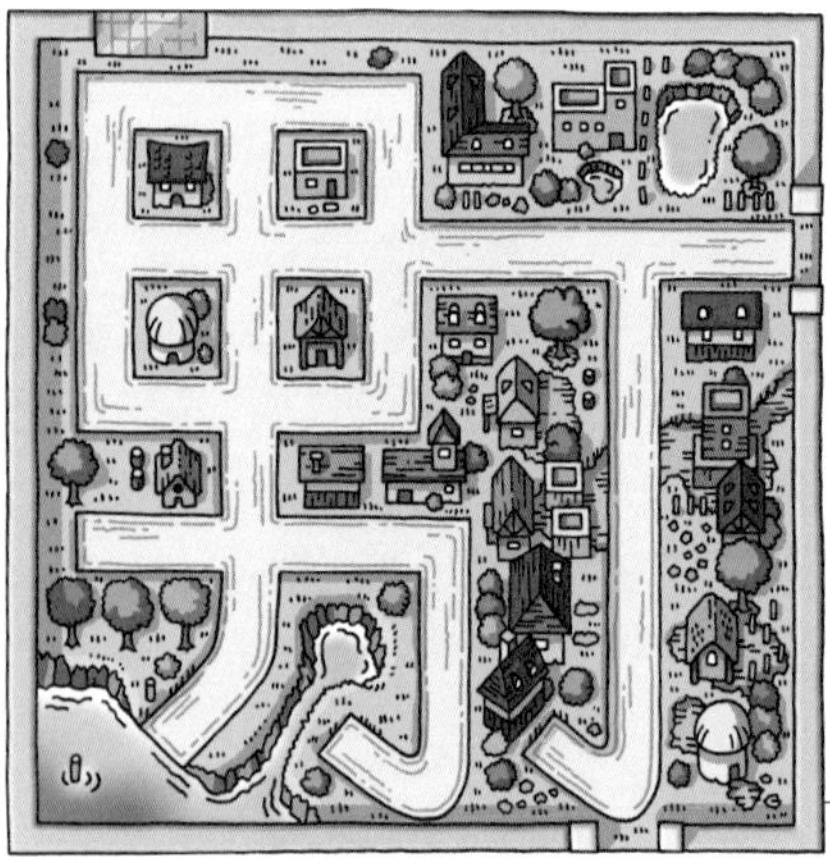

カキジューンの町《まち》

1

カキジューンの町《まち》には、
「田《た》」「力《ちから》」「男《おとこ》」「町《まち》」という 四《よっ》つの かん字《じ》が
かくされています。町《まち》の 地図《ちず》から
かん字《じ》を 見《み》つけて なぞりましょう。

「田《た》」の字《じ》は どこでしょう?

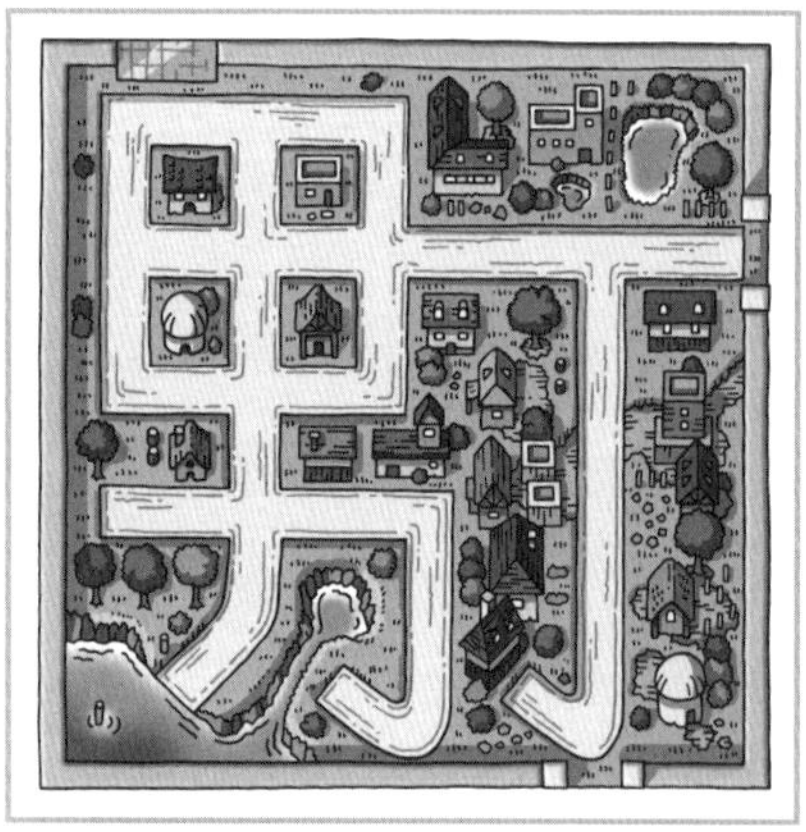

「男《おとこ》」の字《じ》は どこでしょう?

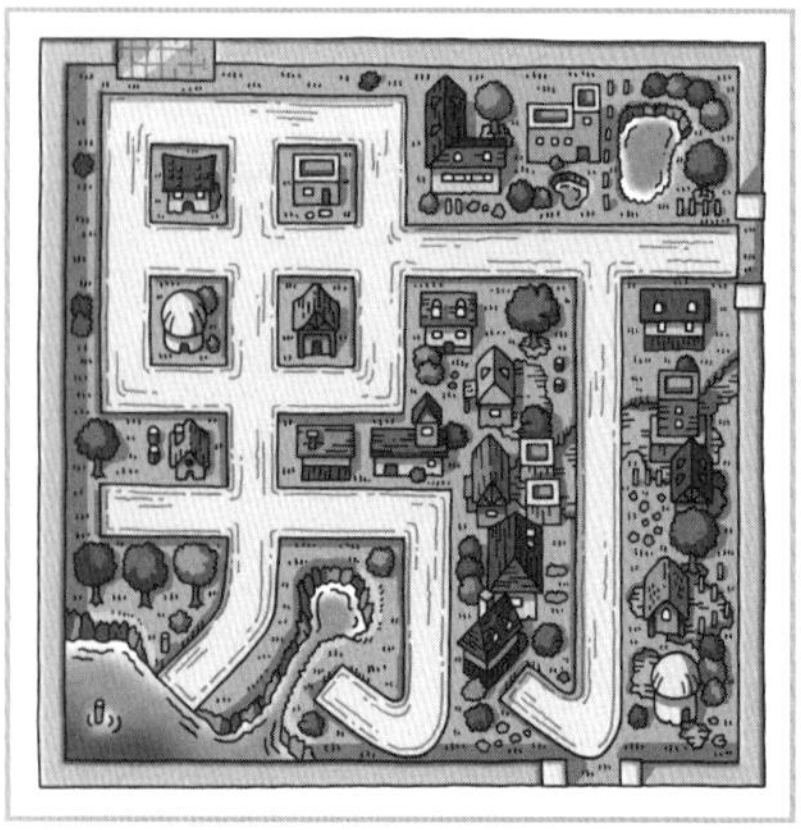

「力《ちから》」の字《じ》は どこでしょう?

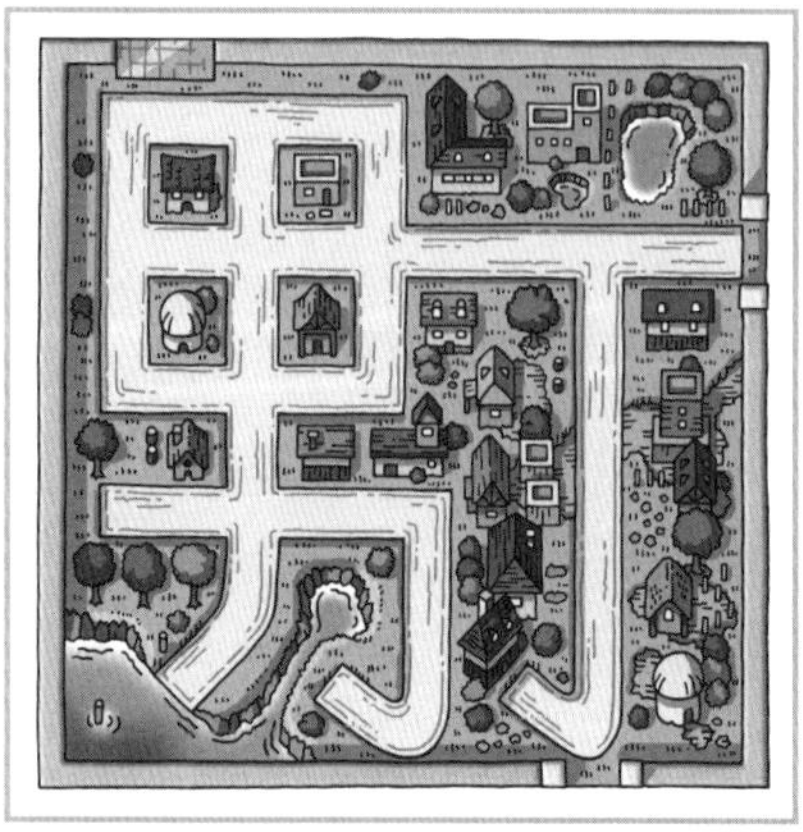

「町《まち》」の字《じ》は どこでしょう?

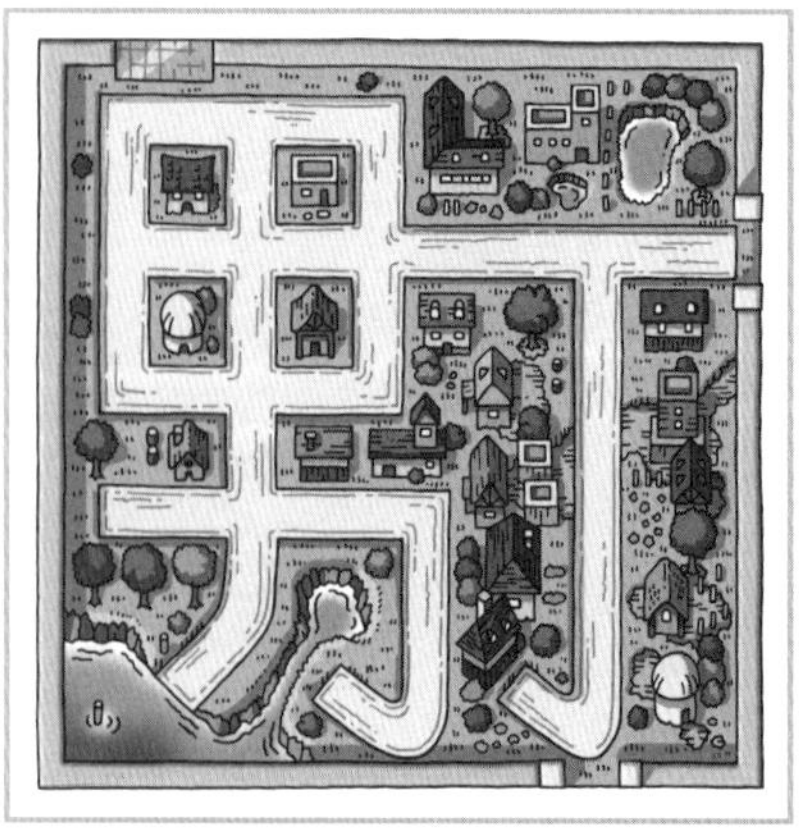

2

キミたちは 「ぶきや」「やどや」「どうぐや」を さがしています。町《まち》の人《ひと》に 教《おし》えてもらった ヒントを 手《て》がかりに、お店《みせ》を 見《み》つけましょう。

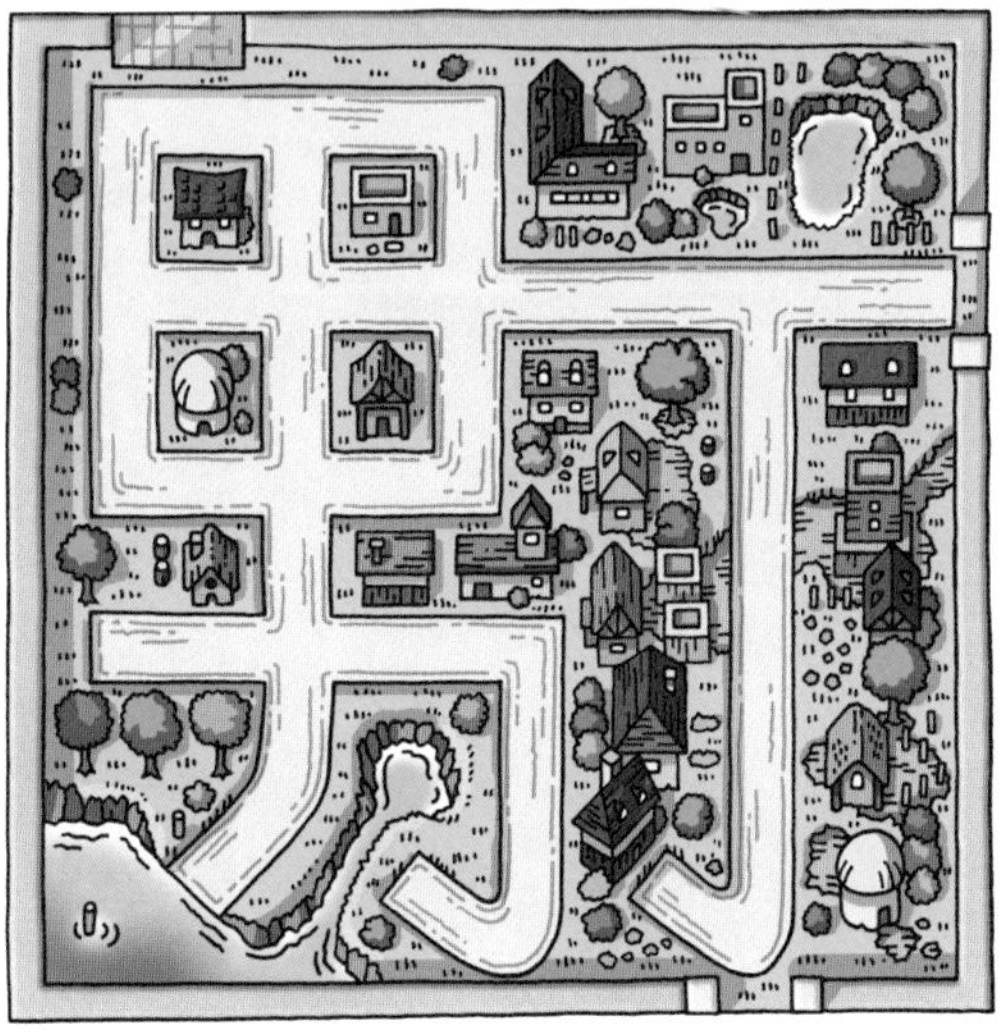

ぶきやは、「力《ちから》」の 右上《みぎうえ》の 青《あお》い やねの たてものだよ。

やどやは 「町《まち》」の 右下《みぎした》の まるい やねの たてものだぜ。

どうぐやは 「田《た》」の 中《なか》の 赤《あか》い やねの たてものよ。

ぶきやには ○を、
やどやには □を、
どうぐやには △を、書《か》こう！

家族《かぞく》でちょうせん！

ウルトラゆうしゃもんだい

「田《た》」「力《ちから》」「男《おとこ》」「町《まち》」の いずれかを □に書《か》いて、文《ぶん》しょうを 作《つく》りましょう。

カキジューンの ❶□の 外《そと》には、
❷□んぼが あるんだ。そこでは、
せんしの ❸□たちが ❹□を合《あ》わせて
モンスターから さくもつを まもっているよ。

クリア！

町《まち》のひみつを ときあかした！
町《まち》に入《はい》って ちいさなメダルを 一《いち》まい ひろった！

地図《ちず》の❸に このシールを はろう！

クリアした日《ひ》　月《がつ》　日《にち》

やっと町《まち》に 入《はい》れた！ お店《みせ》も あるみたい！

早《はや》く お買《か》いものが したいわね！

読《よ》み書《か》きの問題《もんだい》

4 町《まち》から　かん字《じ》が　きえている!?

カキジューンの町《まち》

はてなスライム

たいへん　たいへん！
町《まち》から　かん字《じ》が
なくなって　いるんだって！
何《なに》が　おきて　いるんだろう？

町《まち》の　なぞを　といた　キミたちは、
町《まち》の　人《ひと》たちから　話《はなし》を　聞《き》いて、
たびの　したくを　することにしました。

町《まち》から　ちょっとずつ
かん字《じ》が　なくなって
しまっているんだ。
いろいろ　ふべんだぜ。

かん字《じ》が　あるときは
モンスターは　けっして
町《まち》に　近《ちか》づいて
こなかったのに……。

1

キミたちは　ぶきと　たての　お店《みせ》を　おとずれました。
ぶきと　たての　ねだんを（　）に
ひらがなで　書《か》きましょう。

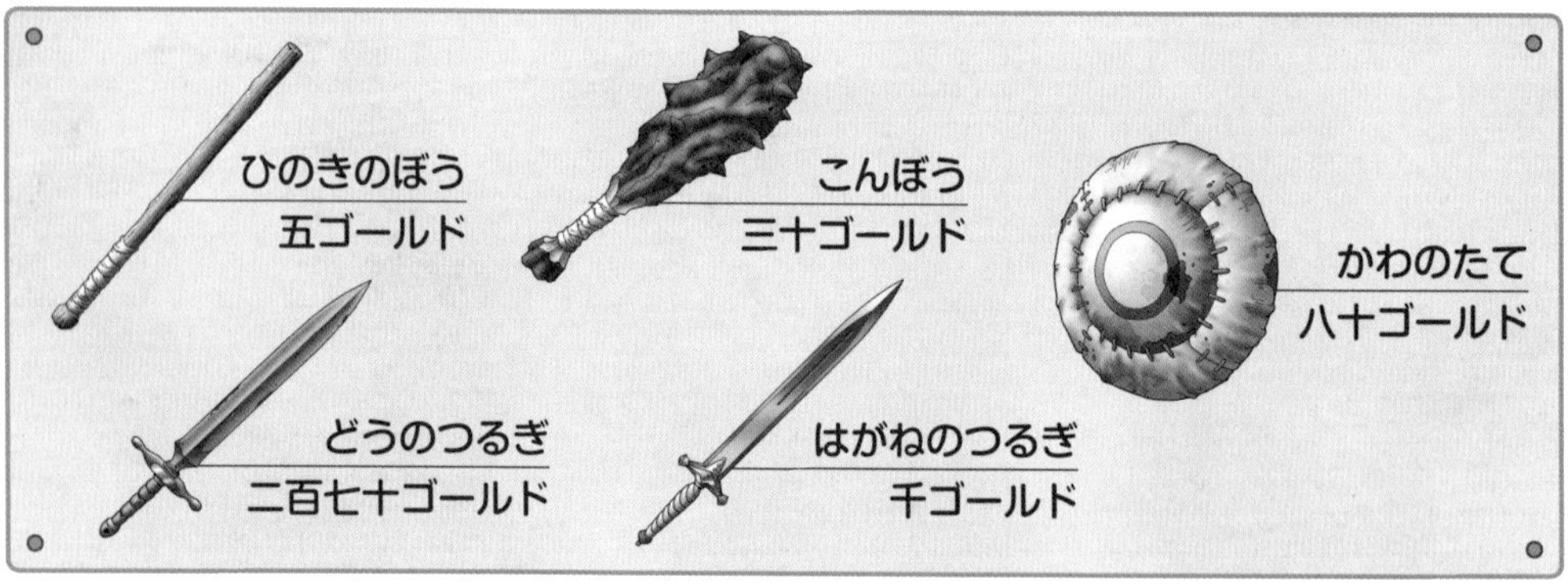

ひのきのぼう
（　　　　　　）ゴールド

こんぼう
（　　　　　　）ゴールド

どうのつるぎ
（　　　　　　）ゴールド

はがねのつるぎ
（　　　　　　）ゴールド

かわのたて
（　　　　　　）ゴールド

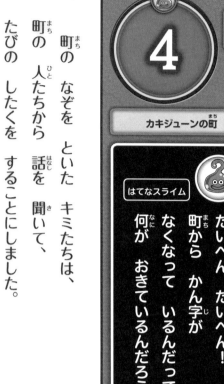

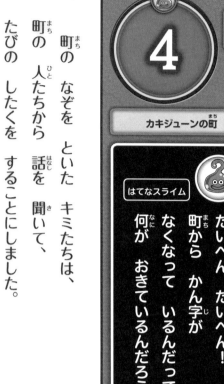

2

キミたちは　ほかの　店《みせ》も　見《み》てみました。
「やくそう」「てつのたて」「やどや」の
ねだんを　かん字《じ》で　書《か》きましょう。

やくそうは、8ゴールドだよっ！
□ゴールド
どうぐや

てつのたてだな。それなら1000ゴールドで売《う》ろう。
□ゴールド
ぶきや

やどやへ　ようこそ。おとまりは　一日《いちにち》100ゴールドに　なります。
□ゴールド

3

町《まち》を　まもる　かん字《じ》を　書《か》いてあげて、
モンスターから　町《まち》を　まもりましょう。

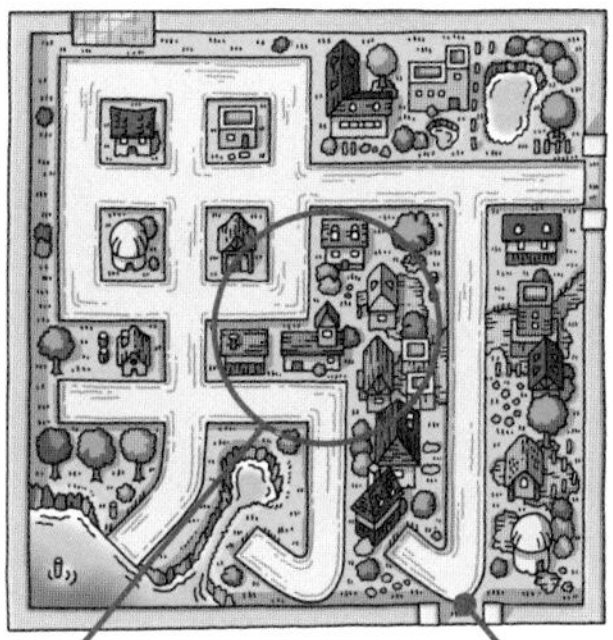

うえ
ひだり
みぎ

なか
いり
ぐち

クリア！

町《まち》の人《ひと》から　おれいに
どうのつるぎと　かわのたて、
やくそうを　もらった！

地図《ちず》の4に
このシールを
はろう！

クリアした日《ひ》　月《がつ》　日《にち》

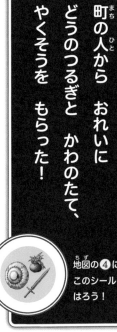

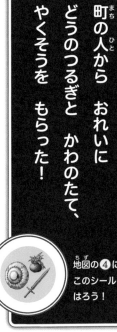

かん字《じ》で　町《まち》を　まもれるんだね。

しっかり　書《か》いて　おきましょう！

書《か》き取《と》りの問題《もんだい》

5 きえた　かん字《じ》は　どこに？

カキジューン草原《そうげん》

はてなスライム

草原《そうげん》でも　かん字《じ》が
なくなっている　みたいだね！
モンスターが　あばれて
いるのも　そのせいかな？

カキジューンの町《まち》を　まもる　かん字《じ》を
ふっかつさせた　キミたち。
ところが……　かん字《じ》が　なくなったのは、
カキジューンの町《まち》だけでは
なかったのです。
　モンスターが　あばれだしたことと
かん字《じ》が　なくなったことに
かんけいは　あるのでしょうか。
　いよいよ　カキジューンの町《まち》から
たびに　出《で》ます。

町《まち》の　外《そと》は
きれいな　草原《そうげん》が
広《ひろ》がっているね！

カキジューンの町《まち》の　外《そと》には、
カキジューン草原《そうげん》が　広《ひろ》がっています。
キラキラしている　ところには、
なんと！　かん字《じ》を　書《か》けるのです。
カキジューン草原《そうげん》の　さまざまな　ばしょに
かん字《じ》を　書《か》いてみましょう。

□ そら

□ やま

□ た
んぼ

□ つち

□ むし

□ はな

□ ゆう がた

□ もり

□ くさ

□ あめ

□ かわ

□ いし

□ しろ 色《いろ》

□ あお 色《いろ》

家族《かぞく》でちょうせん!

ウルトラゆうしゃもんだい

カキジューン草原《そうげん》の ふうけいを 見《み》て
□に かん字《じ》を 書《か》きましょう。

「カキジューン草原《そうげん》には、きれいな❶□が
さいています。❷□がながれ、中《なか》には❸□が
あります。❹□いちょうや、みどり色《いろ》の❺□が
います。モンスターも います。」

クリア!

草原《そうげん》を ゆっくり 歩《ある》いた!
とちゅうで ちいさなメダルを
一《いち》まい ひろった!

地図《ちず》の⑤に
このシールを
はろう!

クリアした日《ひ》 月《がつ》 日《にち》

いっぱい かん字《じ》を
書《か》けたね!

町《まち》の まわりは
あんぜんね!

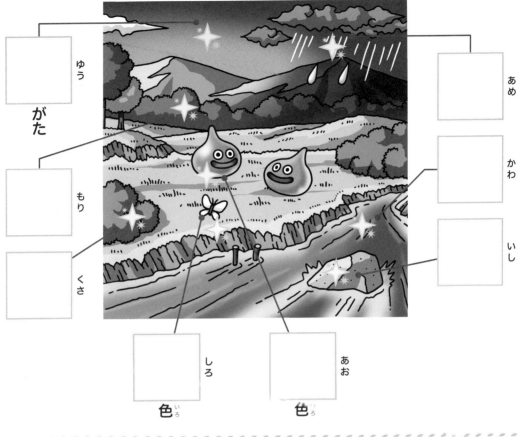

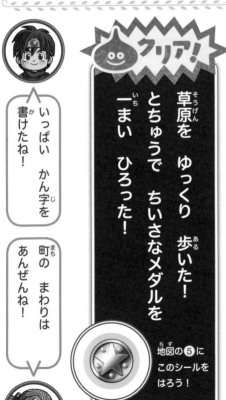

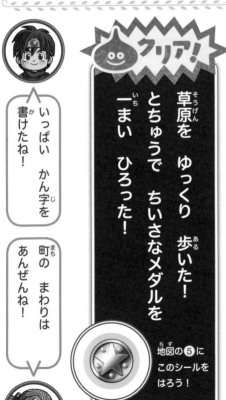

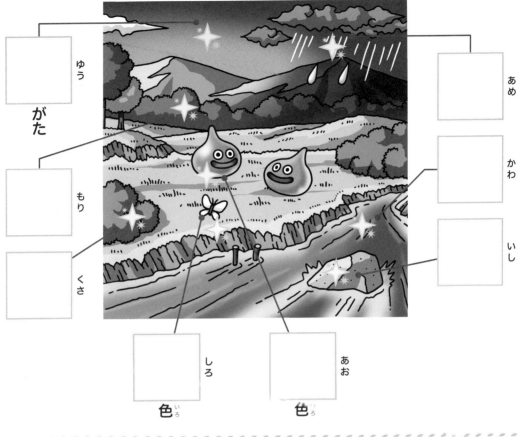

6

画数《かくすう》の問題《もんだい》

草原《そうげん》を　ぬけて　つぎの　町《まち》へ

カキジューン草原《そうげん》

はてなスライム

うわ！　モンスターたちが　たくさん　出《で》てきたよ！　モンスターが　にがてな　かん字《じ》で　おいはらえるかな？

カキジューン草原《そうげん》を　たびしている　キミたちの　前《まえ》に、モンスターの　むれが　あらわれました。かん字《じ》のチカラで　モンスターたちを　おいはらい、たびを　つづけましょう。

モンスターたちが　あらわれた！

ドラキー

モーモン

ももんじゃ

ねこまどう

おばけきのこ

いたずらもぐら

みんな　あばれないで〜！　うーん、こまった、どうしよう……

きりかぶこぞう

モンスターの　名前《なまえ》の　文字数《もじすう》と　同《おな》じ　画数《かくすう》の　かん字《じ》を　□　の　中《なか》から　正《ただ》しく　えらぶと、モンスターを　おいはらえます。正《ただ》しい　かん字《じ》を　えらんで　書《か》きましょう。

れい

スライムを　たおす　ときは……

スライムは　四文字《よんもじ》なので　□　の　中《なか》から　四画《よんかく》の　かん字《じ》を　えらぼう！

下　日　玉

四画《よんかく》の　かん字《じ》の　「日《ひ》」を　えらべば…

スライムを　おいはらった！

ドラキー

（四文字《よんもじ》）

左　犬　糸

正《ただ》しい　かん字《じ》は　□

モーモン

（四文字《よんもじ》）

天　年　本

正《ただ》しい　かん字《じ》は　□

ももんじゃ

（五文字《ごもじ》）

女
先
出

正《ただ》しい かん字《じ》は

□

ねこまどう

（五文字《ごもじ》）

字
玉
手

正《ただ》しい かん字《じ》は

□

おばけきのこ

（六文字《ろくもじ》）

生
耳
赤

正《ただ》しい かん字《じ》は

□

いたずらもぐら

（七文字《ななもじ》）

金
音
貝

正《ただ》しい かん字《じ》は

□

いたずらもぐら

（七文字《ななもじ》）

車
林
竹

正《ただ》しい かん字《じ》は

□

キミたち 強《つよ》いんだね！
え、モンスターが あばれている
げんいんを ちょうさしてるの？
ボクも げんいんを 知《し》りたいんだ。
ついていって いいかな？

クリア！

あばれていた モンスターたちを
やっつけた！ きりかぶこぞうが
なかまになった！

地図《ちず》の❻に
このシールを
はろう！

クリアした日《ひ》　月《がつ》　日《にち》

この先《さき》に 強《つよ》い
てきが いるよ！

えー！ 気《き》をつけて
先《さき》に すすもう！

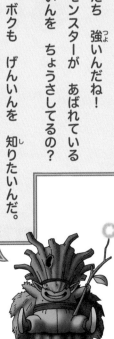

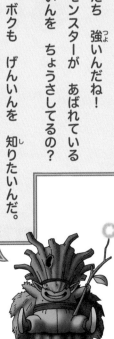

読《よ》み書《か》きの問題《もんだい》

7

あやしいかげが　あらわれた！

カキジューン草原《そうげん》

あやしいかげ

わたしは、りゅうおうさまの
めいれいで　かん字《じ》を　けして
いるのだ。おまえたちの
かん字《じ》も　けしてやろう……。

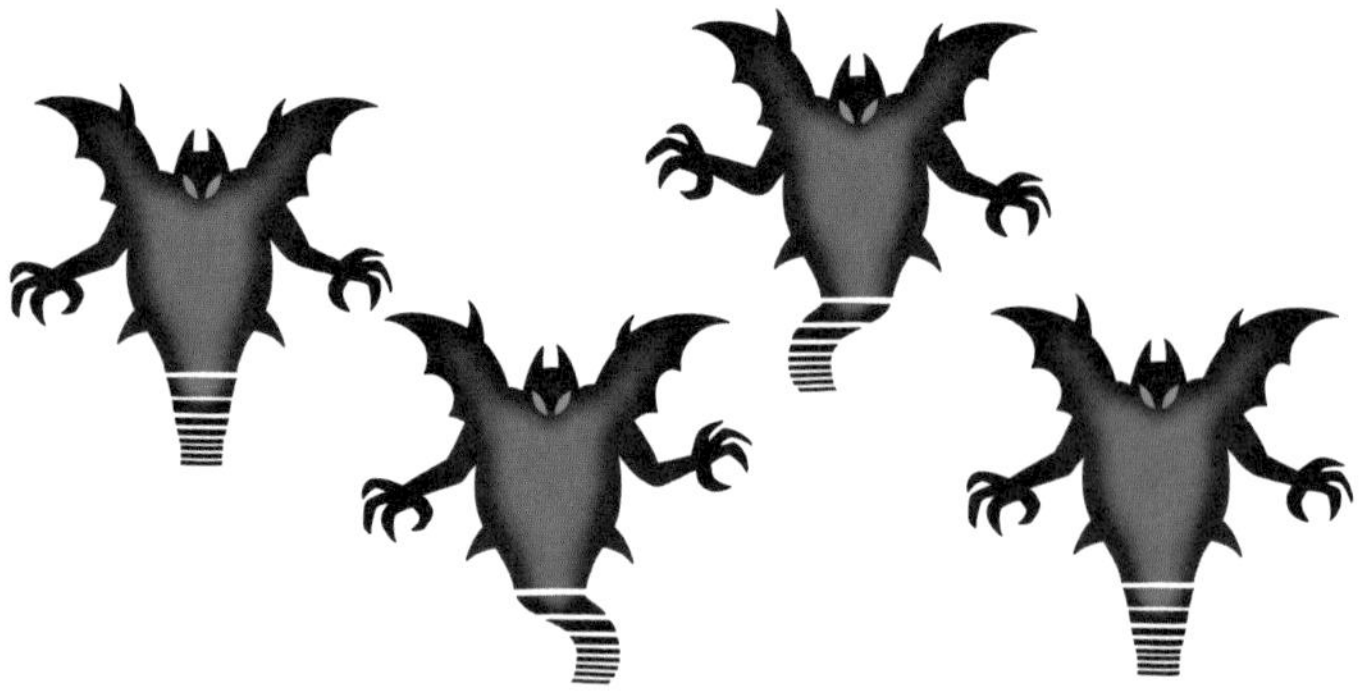

四体《よんたい》の　あやしいかげが、
キミたちの　行《ゆ》く手《て》を
ふさいでいます。

あやしいかげは、正体《しょうたい》が
わからない　強《きょう》てきで、強《つよ》い
モンスターの　かげかも
しれません！

あやしいかげを　たおして、
つぎの　町《まち》へ　行《い》きましょう。

1

あやしいかげが、かん字《じ》の　どこかに
かげを　つけてしまいました。
あやしいかげが　かげを　つける　前《まえ》の
正《ただ》しい　かん字《じ》を　書《か》きましょう。

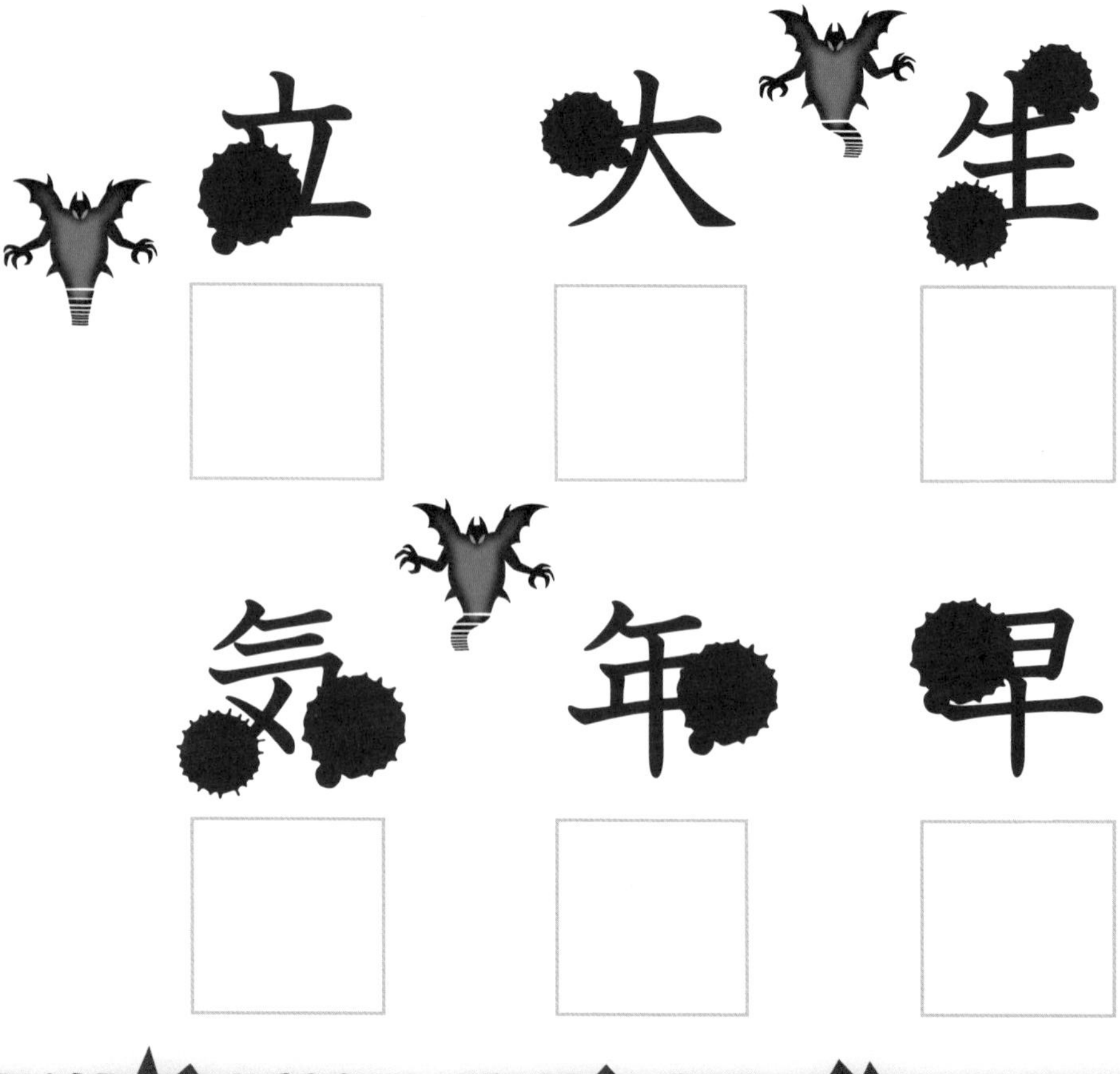

2

きりかぶこぞうが、あやしいかげの
たおし方《かた》を　教《おし》えてくれました。
しかし、あやしいかげが　かん字《じ》の　読《よ》み方《かた》を
けしてしまいました。——の　ぶぶんの　読《よ》み方《かた》を
（　　）に　書《か》きましょう。

あやしいかげは、しずかに　近《ちか》づいてくる。
かげが　出（　　）てくるのに
気（　　）がついたら、ふりむこう。
四（　　）体《たい》いるけれど、本（　　）ものは　一（　　）体《たい》だけで、
かげの　下（　　）の　先（　　）っぽが
右（　　）がわに　あるんだ。正体《たい》（　　）を
見（　　）ぬいて、こうげきしよう！

3

きりかぶこぞうの　教《おし》えてくれた
たおし方《かた》を　手《て》がかりにして、
本《ほん》ものの　あやしいかげを　見《み》ぬいて、
○を　つけましょう。

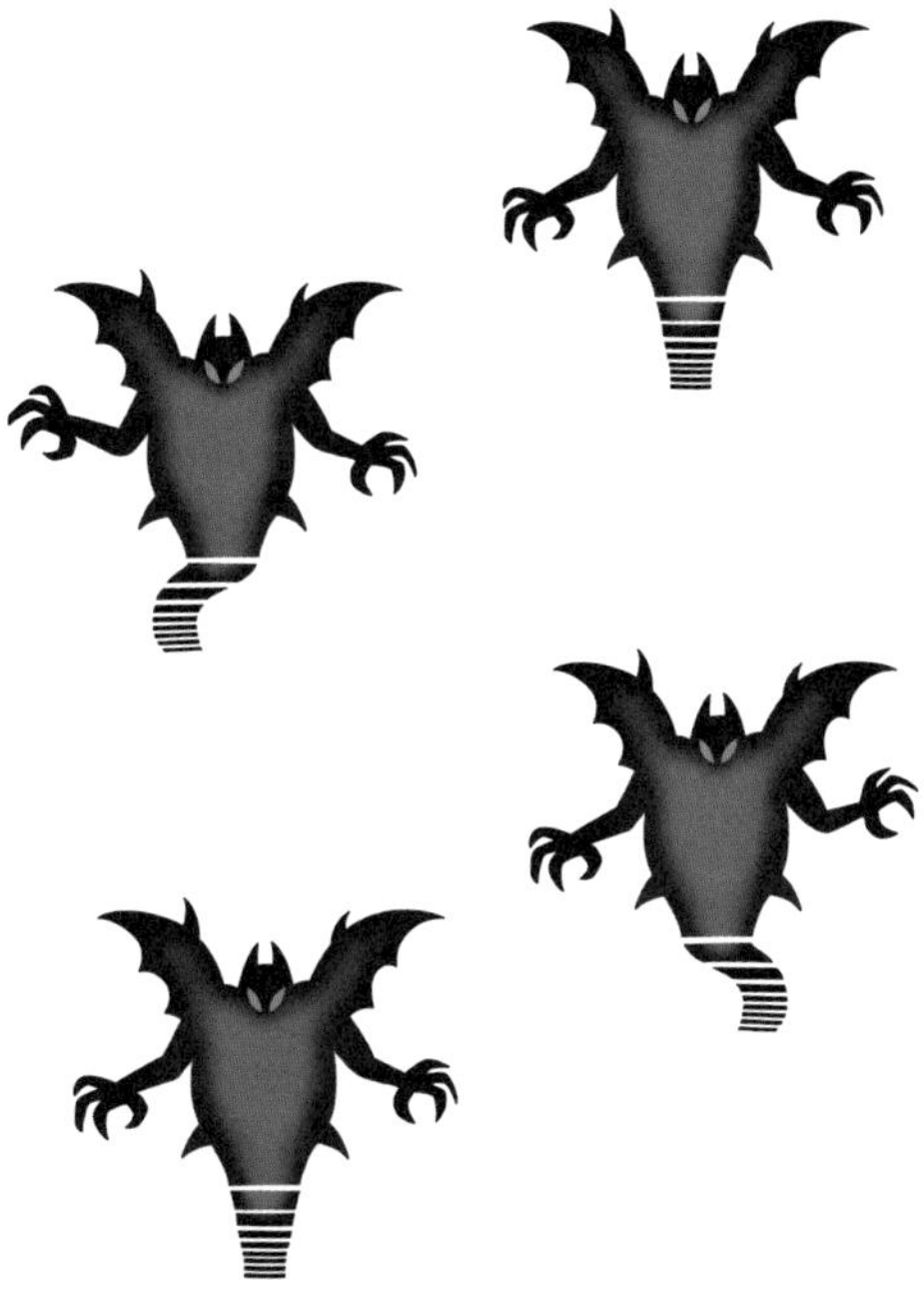

クリア！

あやしいかげの　本《ほん》ものを
見《み》やぶって　あやしいかげを
やっつけた！

地図《ちず》の7に
このシールを
はろう！

クリアした日《ひ》　月《がつ》　日《にち》

かん字《じ》を
けしているの!?

りゅうおうの　ことを
しらべてみよう！

読《よ》み書《か》きの問題《もんだい》

8

新《あら》たな 町《まち》で 話《はなし》を 聞《き》こう！

ヨミカッキの町《まち》

はてなスライム

ヨミカッキの町《まち》に ついたよ！
あれれ この町《まち》にある
学校《がっこう》からも かん字《じ》が
きえている みたいだよ？

ヨミカッキの町《まち》に とうちゃくした キミたち。
ところが、ヨミカッキの町《まち》でも、
かん字《じ》が なくなって、みんなが こまっていました。

ヨミカッキの町《まち》では、なんと、学校《がっこう》から
かん字《じ》が なくなってしまったのです。
このままでは、子《こ》どもたちは、
べん強《きょう》を することが できません。

かん字《じ》のチカラで
たすけてあげましょう。

うーん、こまったなぁ。
かん字《じ》が ないと
ちゃんと べん強《きょう》が
できないや。

1 子《こ》どもたちの 話《はなし》を 聞《き》いて
学校《がっこう》に かんけいする かん字《じ》を 書《か》いて
学校《がっこう》を ふっかつさせて あげましょう。

□□《がっこう》に とう□《こう》して
□□□《いちねんせい》で ならう
かん□《じ》で さく□《ぶん》を 書《か》くんだ！

わたしは □《おん》がくの
□□《せんせい》に 歌《うた》を
ならうの。 □《ほん》も
たくさん 読《よ》みたいわ。

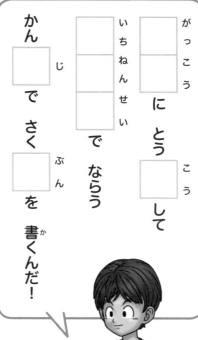

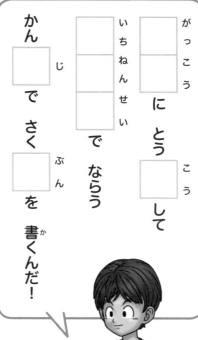

2

ふっかつした 学校《がっこう》に やってきた
子《こ》どもたちから、つぎの おねがいを されました。
ちらかった 本《ほん》の 名前《なまえ》を
下《した》の 本《ほん》だなの ①〜⑨に 書《か》いて もどすのを
手《て》つだって あげましょう。

本《ほん》だなには、右《みぎ》から
あいうえおじゅんに
本《ほん》が 入《はい》るのよ。

- 名人の つくる かんむり
- 月の せかい
- 王きゅうの せんしたち
- 大せつな たからもの
- 生きる チカラを 生む まほう
- 人げんに なりたい ホイミスライム
- 水の はごろもの つくりかた
- 人を しんじる こころ
- 木こりの いえ

①	②	③	④	⑤	⑥	⑦	⑧	⑨
①	②	川にすむガニラス	③	④	⑤	天空の花よめ	⑥	⑦	⑧	⑨	山おくの村

①　②　③　④　⑤　⑥　⑦　⑧　⑨

町《まち》の外《そと》に 大《おお》きな
とうが あるよ!

こわい モンスターが
いるって 聞《き》いたわ。

クリア!

子《こ》どもたちから
おれいを 言《い》われた!

地図《ちず》の⑧に
このシールを
はろう!

クリアした日《ひ》　月《がつ》　日《にち》

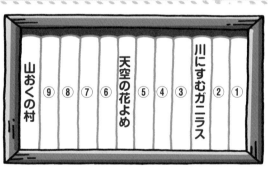

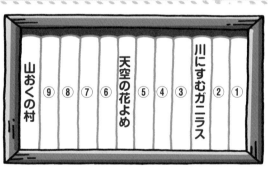

書《か》き取《と》りの問題《もんだい》

9

うわさの とうを 目《め》ざす

ヨミヨミ草原《そうげん》

きりかぶこぞう

ヨミヨミのとうは 町《まち》の 下《した》のほうに あるね。モンスターが いっぱい いるから 気《き》をつけて！

ヨミヨミのとうへの 道《みち》は モンスターが まちかまえていました！ ヨミヨミ草原《そうげん》に すむ モンスターは ダメージを 三回《さんかい》 あたえると たおすことが できます。

モンスターを たおして ヨミヨミ草原《そうげん》を すすみましょう。

メラゴースト

バブルスライム

ズッキーニャ

ギズモ

くさったしたい

どくやずきん

1

□に かん字《じ》を 書《か》いて モンスターたちを たおしましょう。

□に かん字《じ》を 書《か》いて、ことばを 作《つく》ろう！ ことばが 一《ひと》つ できると、モンスターに 一回《いっかい》 ダメージを あたえられるよ！

せん	せい
□	生

読《よ》み方《かた》に 合《あ》う かん字《じ》を 書《か》こう！

せん	せい
先	生

ことばが できれば モンスターに ダメージ！

みぎ	て
右	□

くさ	ばな
□	花

はな	み
花	□

よっ	か
	日

すい	しゃ
水	

あし	おと
足	

はな	び
花	

ゆう	ひ
	日

くう	ちゅう
	中

さん	りん
山	

おう	じょ
王	

はや	あし
	足

モンスターがいっぱいだったね。

気《き》をつけて　とうに入《はい》りましょう。

モンスターたちを　いっぱいやっつけた！

地図《ちず》の⑨にこのシールをはろう！

クリアした日《ひ》　月《がつ》　日《にち》

てん	き
天	

あお	ぞら
青	

で	ぐち
	口

がっ	こう
	校

お	がわ
	川

めい	じん
	人

10

書《か》き順《じゅん》の問題《もんだい》

とうの さい上《じょう》かいを 目《め》ざそう！

ヨミヨミのとう

はてなスライム

とうの 中《なか》は しずかだね。
こわい モンスターが いると
言《い》っていたけど、とうの
上《うえ》を 目《め》ざしてみようか？

ヨミヨミ草原《そうげん》の モンスターを たおした キミたちは、ヨミヨミのとうに つきました。

ヨミヨミのとうは、六《ろっ》かいだての 大《おお》きな とう。いちばん 上《うえ》の 六《ろっ》かいには、強《きょう》てきが まちかまえて いるかもしれません。

ところが、ヨミヨミのとうは 一《いっ》かいごとに かいだんが ふういんされていて このままでは 先《さき》に すすめないようです。ふういんを ときながら とうの 上《うえ》を 目《め》ざしましょう。

1

□の マスに 八画《はっかく》の かん字《じ》を 書《か》いて、ふういんを とき、ヨミヨミのとうを 六《ろっ》かいまで のぼりましょう。

から じゅん番《ばん》に 一画《いっかく》ずつ 書《か》くと、かん字《じ》が できるよ。できた かん字《じ》を □の マスに 書《か》けば、つぎの かいへの かいだんを のぼれるよ！

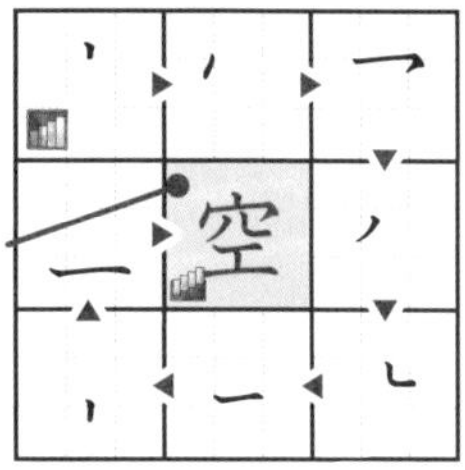

ここに かん字《じ》を 書《か》こう！

八《やっ》つの 画数《かくすう》で、できる かん字《じ》を 書《か》けば つぎの かいへ 行《い》けるんだね！

ヨミヨミのとう 一《いっ》かい

入口《いりぐち》

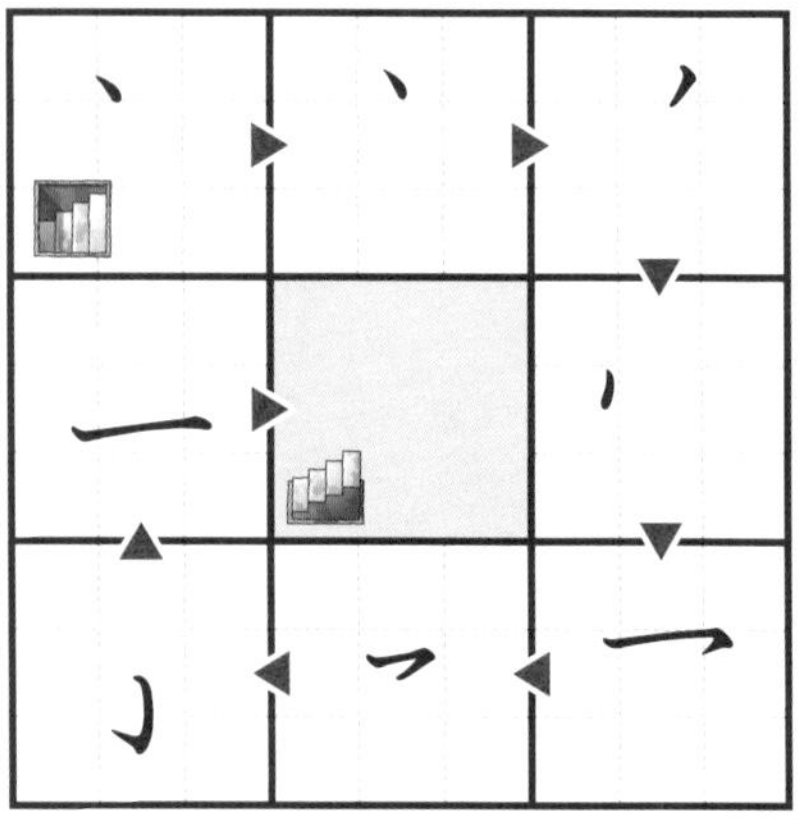

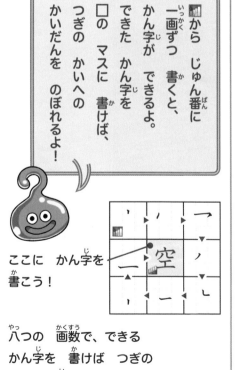

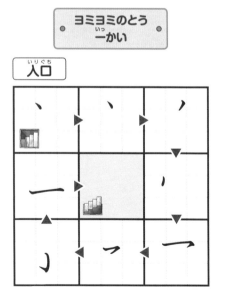

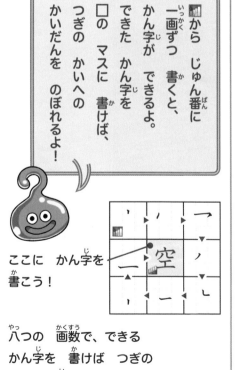

ヨミヨミのとう
三《さん》かい

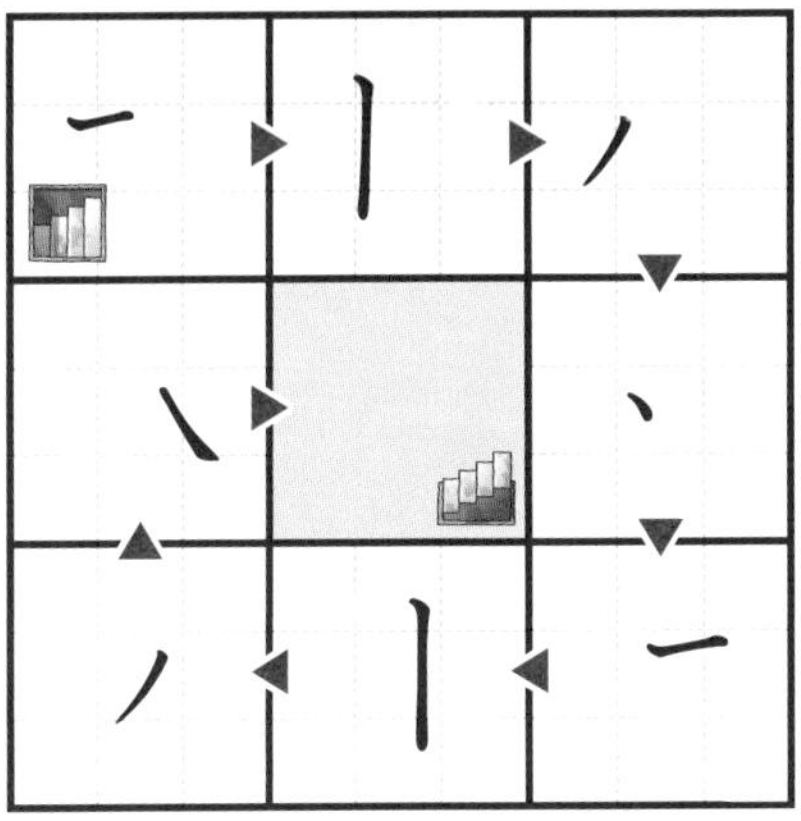

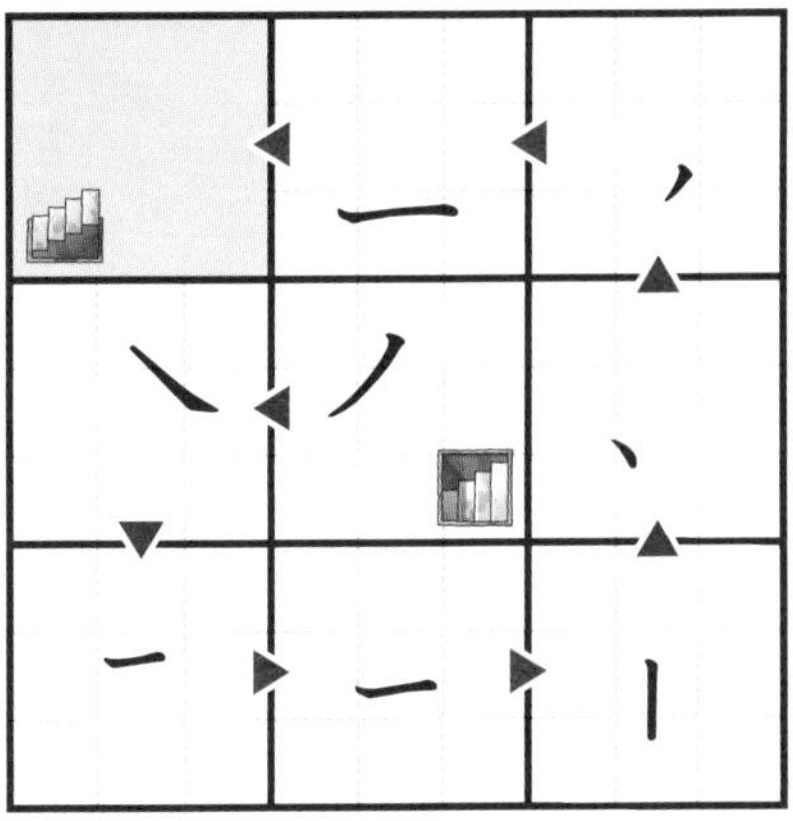

ヨミヨミのとう
二《に》かい

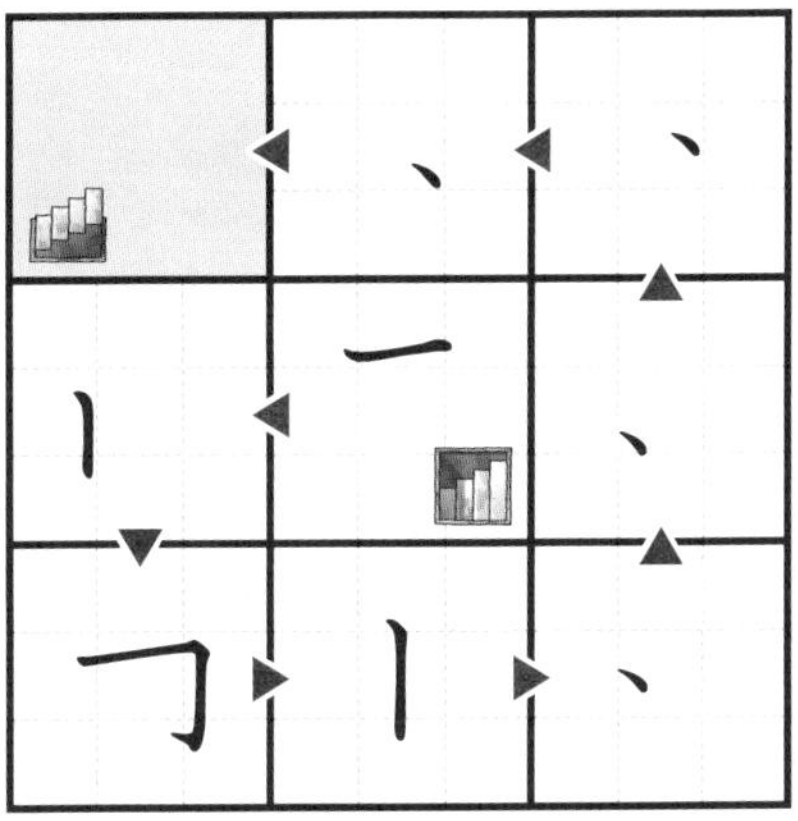

ヨミヨミのとう
四《よん》かい

ヨミヨミのとう
五《ご》かい

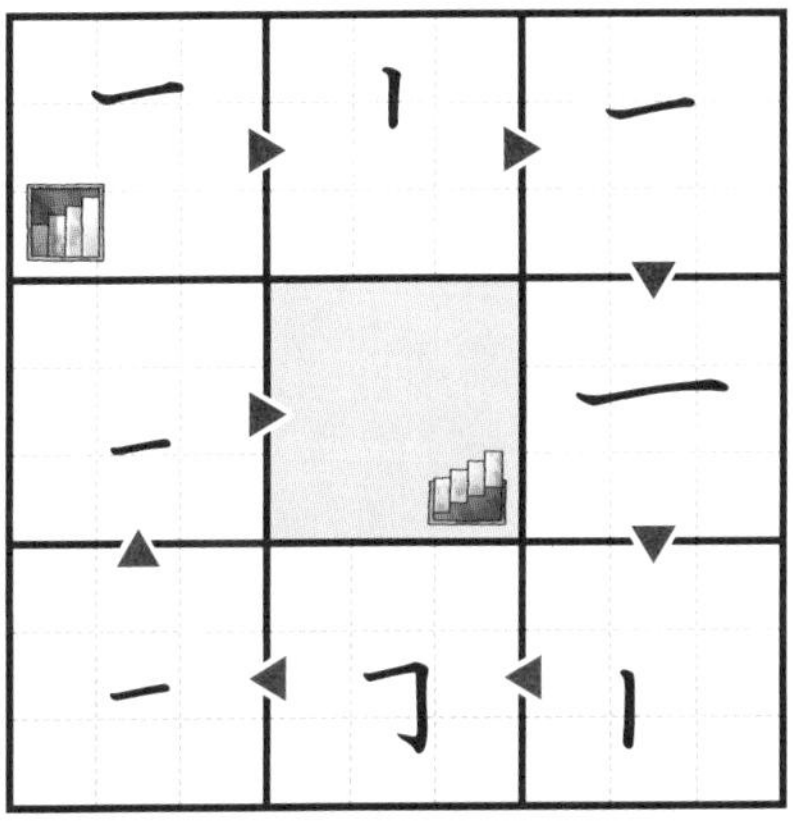

クリア！

とうの　六《ろっ》かいに　ついた！
ちいさなメダルを
一《いち》まい　ひろった！

地図《ちず》の⑩に
このシールを
はろう！

クリアした日《ひ》　　月《がつ》　　日《にち》

上《うえ》の　かいから
ねっきを　かんじるわ。

火《ひ》が　もえている
あつさだね！

読《よ》み書《か》きの問題《もんだい》

11

フレイムとの あつい たたかい！

ヨミヨミのとう

フレイム

ヒヒヒ、りゅうおうさまに 言《い》われた とおり、すべての かん字《じ》と、とうの ヒミツを もやしてやるぜ〜！

ヨミヨミのとうでは、火《ひ》のモンスター、フレイムが まちかまえていました。りゅうおうの めいれいで かん字《じ》と とうに かくされた ヒミツを もやしに 来《き》ていました。

そして、キミたちを やきつくそうと、フレイムが おそいかかってきました。

フレイムを たおして とうの ヒミツを 聞《き》きだしましょう！

1

フレイムは、火《ひ》に かんけいする ことばの 火《ひ》の玉《たま》で、こうげきして きました。——の ぶぶんの ことばを 読《よ》んで、フレイムの こうげきを ふせぎましょう。

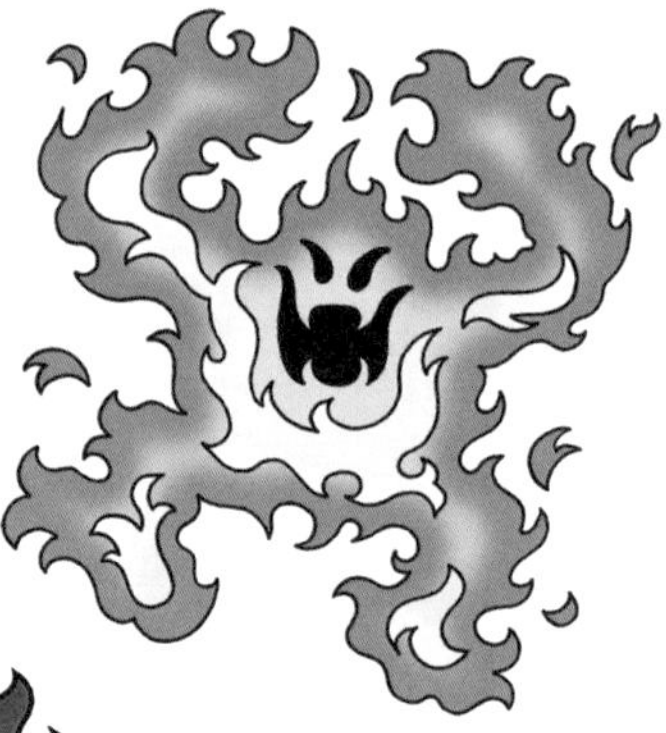

火花（　　）

つよ火（　　）

花火（　　）

火が つく（　　）

たき火（　　）

火の ようじん（　　）

火山（　　）

2

フレイムは　水《みず》が　弱点《じゃくてん》です！
□に　かん字《じ》を　書《か》いて、
水《みず》に　かんけいする　ことばを　作《つく》り
フレイムを　たおしましょう！

□（すい）□（ちゅう）めがね

□（あお）い　海《うみ》

□（かわ）で　およぐ

□（あめ）が　ふる

□（あま）水《みず》

□（お）□（がわ）

□（すい）車《しゃ》

ヒ～　まいった～！　こうさんする～！
もう　わるいことは　しないから
オレを　なかまにしてくれ～！

家族《かぞく》で ちょうせん！
ウルトラゆうしゃもんだい

フレイムが　おまけの　もんだいを　出《だ》してきました。
□の　マスに　いきものの　名前《なまえ》を　書《か》きましょう。

①はさみを　もっているよ

□□

②火《ひ》の　絵《え》だよ

□□

③マントと　火《ひ》だよ

□□□□□

クリア！

フレイムを　やっつけた！
なんと　フレイムが
なかまに　なった！

地図《ちず》の⑪に
このシールを
はろう！

クリアした日《ひ》　月《がつ》　日《にち》

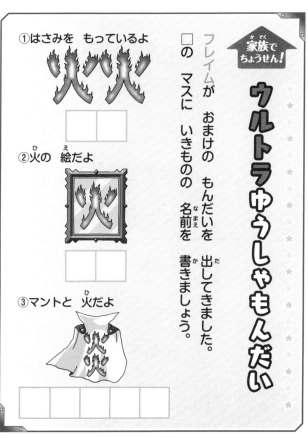

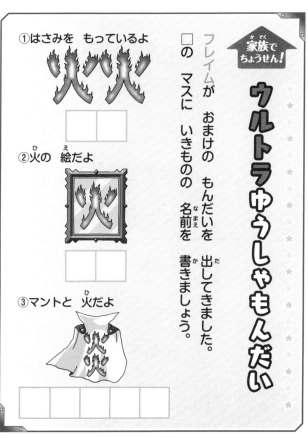

とうの　ヒミツ？　ヒヒヒ、「りゅうおうを　たおせるのは
ゆうしゃだけ」と　書《か》かれた　石《せき》ばんが　あったんだぜ！

漢字《かんじ》の仲間《なかま》探《さが》し

12

ゆうしゃを さがす たびへ

ヨミヨミ草原《そうげん》

フレイム

ゆうしゃは ジッテンの 岩山《いわやま》に あらわれるって うわさだぜ。ヒヒヒ、会《あ》いに 行《い》くのが いいかもな!

りゅうおうを たおせる ゆうしゃに 会《あ》うため、キミたちは、ジッテンの岩山《いわやま》に ある ほこらを 目《め》ざすことに しました。

しかし、りゅうおうは、キミたちを ジッテンの岩山《いわやま》に 行《い》かせないために、ヨミヨミ草原《そうげん》に 新《あら》たな モンスターを おくりこんできました。

ジャガーメイジ

わらいぶくろ

まほうつかい

じんめんちょう

モンスターたちが じゅもんを となえた! あたりが まぼろしに つつまれてしまう マヌーサのじゅもんによって、キミたちは、たくさんの かん字《じ》と モンスターの まぼろしに つつまれました。

□の かん字《じ》の 中《なか》に、一《ひと》つだけ、なかまはずれの かん字《じ》が あります。その かん字《じ》に ○を つけて マヌーサのじゅもんを やぶりましょう。

一《いち》もん目《め》

口	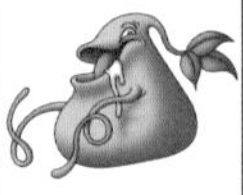	耳
	足	手
目		村

二《に》もん目《め》

木	火	土
日	金	
大	水	月

家族《かぞく》でちょうせん!

ウルトラゆうしゃもんだい

あらわれた かん字《じ》の 中《なか》から、なかまはずれの かん字《じ》を 見《み》つけ、○をしましょう。

一《いち》もん目《め》

生	正	石
先		青
千	赤	草

二《に》もん目《め》

王	月	円
林		手
火	五	犬

三《さん》もん目《め》

一	千	八	十
	四	貝	五
六	百	二	
三	九		七

四《よん》もん目《め》

虫	人	
	貝	車
	犬	

四《よん》もん目《め》は いきものが なかまだね!

五《ご》もん目《め》

林	森		竹
田	山	空	
草	雨	左	花
木		川	

五《ご》もん目《め》は しぜんの ものが なかまだよ!

クリア!

立《た》ちふさがる モンスターたちを やっつけた!

地図《ちず》の⑫に このシールを はろう!

クリアした日《ひ》　月《がつ》　日《にち》

たくさんの かん字《じ》を 見《み》くらべたね。

あ、ほこらが 見《み》えてきたわ!

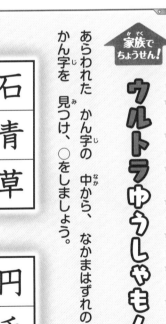

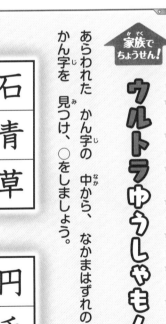

13

漢字《かんじ》の仲間《なかま》探《さが》し

ジッテンの岩山《いわやま》を すすもう

ジッテンの岩山《いわやま》

はてなスライム

ここが ゆうしゃに 会《あ》えると いう ジッテンの岩山《いわやま》だね。岩《いわ》だらけの けわしい ばしょだね……！

ジッテンの岩山《いわやま》は モンスターが すむ めいろに なっています。どうくつの おくに ある ほこらに 入《はい》るには 二《ふた》つの カギが ひつようです。立《た》ちはだかる モンスターの もんだいに 答《こた》えて すすみながら、カギを 手《て》に入《い》れましょう。

スタート

「山」と 同《おな》じ 画数《かくすう》の かん字《じ》は？

水

「中」と 同《おな》じ 読《よ》み方《かた》の かん字《じ》は？

虫

町

よこせんを はじめに 書《か》く かん字《じ》は？

左

右

「正」の あとに ついて ことばを 作《つく》る かん字《じ》は？

ほこらのカギ

休

気

「糸」と 同《おな》じ 画数《かくすう》の かん字《じ》は？

子

年

月

竹

「日」の なかまの かん字《じ》は？

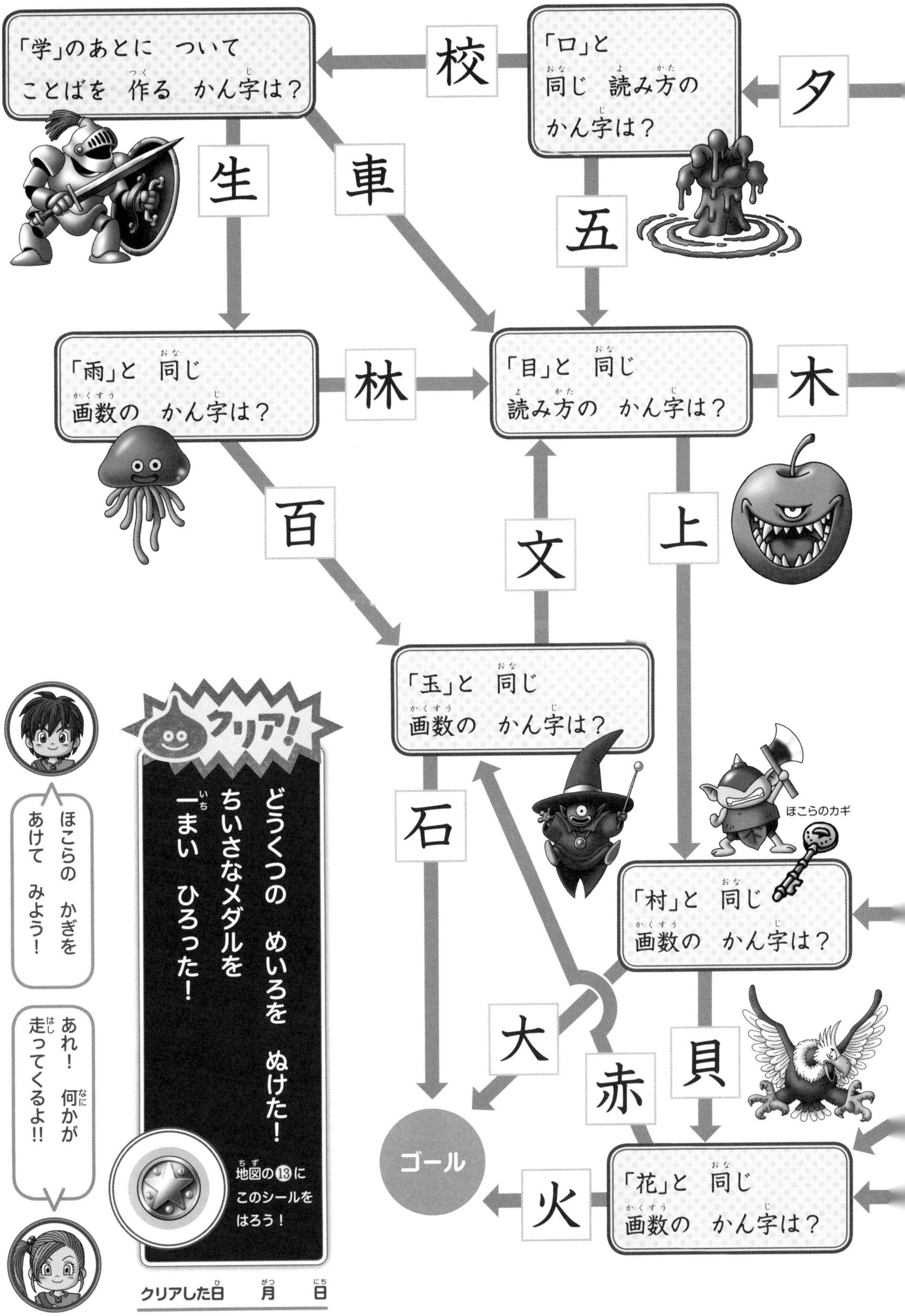

クリア！

どうくつの　めいろを　ぬけた！
ちいさなメダルを
一《いち》まい　ひろった！

地図《ちず》の⑬に
このシールを
はろう！

ほこらの　かぎを
あけて　みよう！

あれ！　何《なに》かが
走《はし》ってくるよ!!

クリアした日《ひ》　月《がつ》　日《にち》

14

書《か》き取《と》りの問題《もんだい》

キラーパンサーとの たたかい!

ジッテンの岩山《いわやま》

キラーパンサー

ガルルルル。わたしは この とびらを まもる まもの。ゆうしゃに ふさわしい もの いがいは 通《とお》さない!

かぎを つかって、ジッテンのほこらの とびらを あけようと した キミたちの 前《まえ》に、キラーパンサーが 大地《だいち》を けって あらわれました! キラーパンサーは、ゆうしゃが あらわれるという ほこらを、ずっと まもってきた モンスターです。

キミたちが ほこらに 入《はい》るのに ふさわしい ことを、キラーパンサーに しめしましょう。

1

キラーパンサーの するどい キバに よって、かん字《じ》を つかった ことばに あなが あいて しまいました。なかまモンスターと 力《ちから》を 合《あ》わせて、正《ただ》しい かん字《じ》を □に 書《か》きましょう。

青空

はれた 日《ひ》に 見《み》えるね!

休日

おやすみの 日《ひ》の ことだな。

足音

歩《ある》いたり 走《はし》ったり すると 聞《き》こえるぜ~!

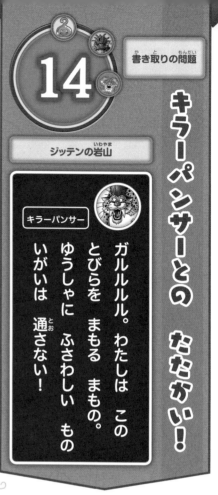

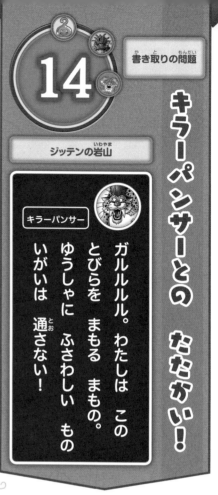

2

キラーパンサーの　するどい　ツメが
かん字《じ》を　ばらばらに　引《ひ》きさきました。
キラーパンサーの　まわりに　とびちった
はへんを　三《みっ》つずつ　組《く》み合《あ》わせて
かん字《じ》を　五《いつ》つ　作《つく》り、
下《した》の　□に　書《か》きましょう。

ぜんいん　一《ひと》つずつ
かん字《じ》を　書《か》いて
チカラを　しめそう！

みごとだ。
この　とびらを　通《とお》るがいい。
そして、わたしも
キミたちの　なかまになって
チカラを　かそう。

クリア！

ほこらの　とびらを　あけた！
なんと　キラーパンサーが
なかまに　なった！

地図《ちず》の⑭に
このシールを
はろう！

クリアした日《ひ》　　月《がつ》　　日《にち》

さぁ、ほこらへ
入《はい》るといい。

中《なか》に　ゆうしゃが
いるのかな？

15

書《か》き取《と》りと 漢字《かんじ》の形《かたち》の問題《もんだい》

ジッテンのほこらの しれん

ジッテンのほこら

キラーパンサー

この先《さき》の しれんを こえた ものだけが、ゆうしゃに 会《あ》える。しかし、しれんを こえたものは まだ いない。

キラーパンサーを なかまにして
ゆうしゃのほこらの 入口《いりぐち》を くぐった キミたち。

ほこらの 中《なか》は、
「けんじゃの間《ま》」
「えいゆうの間《ま》」
「ゆうしゃの間《ま》」 に わかれて います。

ゆうしゃが あらわれると 言《い》われているのは、
「ゆうしゃの間《ま》」です。
「けんじゃの間《ま》」と 「えいゆうの間《ま》」を 通《とお》って、
「ゆうしゃの間《ま》」へ 行《い》きましょう。

1

「けんじゃの間《ま》」には、ゆうしゃについて 書《か》かれた 石《せき》ばんが ありますが、いくつかの かん字《じ》が とれていました。下《した》に おちている かん字《じ》を 石《せき》ばんの □に 書《か》きましょう。

ゆうしゃは □の子《こ》と □の子《こ》の
二人《ふたり》がいます。うっそうとした
□をぬけ、けわしい □をこえ、
はげしい □にまけず、
りゅうおうを たおすために
たびに □ます。

つかわない かん字《じ》も おちているね！

山 女 出 二 森 気 雨 男 大

2

「えいゆうの間《ま》」には、キミたちの
正《ただ》しいものを　見《み》ぬく
力《ちから》と　かん字《じ》のチカラを
ためす　しれんが
まっていました。

上《うえ》の　石《せき》ばんと　下《した》の
石《せき》ばんに　書《か》かれた
かん字《じ》を　見《み》くらべて
みましょう。

上《うえ》の　石《せき》ばんに　ない
かん字《じ》が、下《した》の　石《せき》ばんに
六《むっ》つ　あります。
ぜんぶ　見《み》つけて
下《した》の　石《せき》ばんに
○を　しましょう。

石	音	青	人	天
女	小	字	玉	金
本	白	正	口	川
雨	名	左	見	村
大	下	千	田	円

貝	川	玉	百	正
田	円	村	雨	犬
金	入	青	天	小
千	女	音	学	名
口	左	右	本	下

おちついて　かん字《じ》を
一《ひと》つずつ　さがして
みると　いい。

クリア！

二《ふた》つの　しれんを　こえた！
とちゅうで　ちいさなメダルを
一《いち》まい　手《て》に入《い》れた。

地図《ちず》の⑮に
このシールを
はろう！

クリアした日《ひ》　月《がつ》　日《にち》

やっと　ゆうしゃに
会《あ》えるのね。

ゆうしゃは　どんな
人《ひと》だろう？

16

書《か》き取《と》りの問題《もんだい》

ゆうしゃの間《ま》の しれん

ジッテンのほこら

はてなスライム

ゆうしゃは どこだろう？
あれ？ だれも いないね。
大《おお》きな かがみと 石《せき》ばんが
あるだけだよ？

「ゆうしゃの間《ま》」には、ゆうしゃの すがたは
ありませんでした。へやの まん中《なか》には
かがみと 石《せき》ばんが おかれています。

かがみを 手《て》に すると、
どこからともなく 声《こえ》が 聞《き》こえてきました。

「これは しんじつを うつし出《だ》す ラーのかがみ。
しかし、今《いま》は、その 力《ちから》が うしなわれています。
かがみに 力《ちから》が もどれば、りゅうおうを たおす
ゆうしゃを うつし出《だ》すでしょう」

1

力《ちから》が うしなわれた ラーのかがみには、
かん字《じ》が 正《ただ》しく うつりません。
□に 正《ただ》しい むきに かん字《じ》を 書《か》いて、
ラーのかがみの 力《ちから》を
ふっかつさせましょう。

右 □　花 □

夕 □　糸 □

校 □　生 □

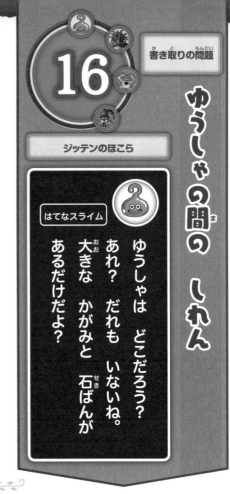

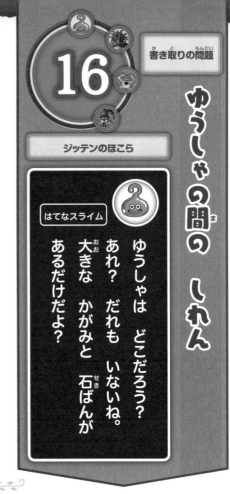

2

力《ちから》の　もどった　ラーのかがみを　のぞくと……。
そこには　キミたちの　すがたと、
ふしぎな文《ぶん》が　はんたいむきで
うつし出《だ》されました。
□に　ふしぎな文《ぶん》を　正《ただ》しい　むきに　書《か》いて、
ゆうしゃの　正体《しょうたい》を　知《し》りましょう。

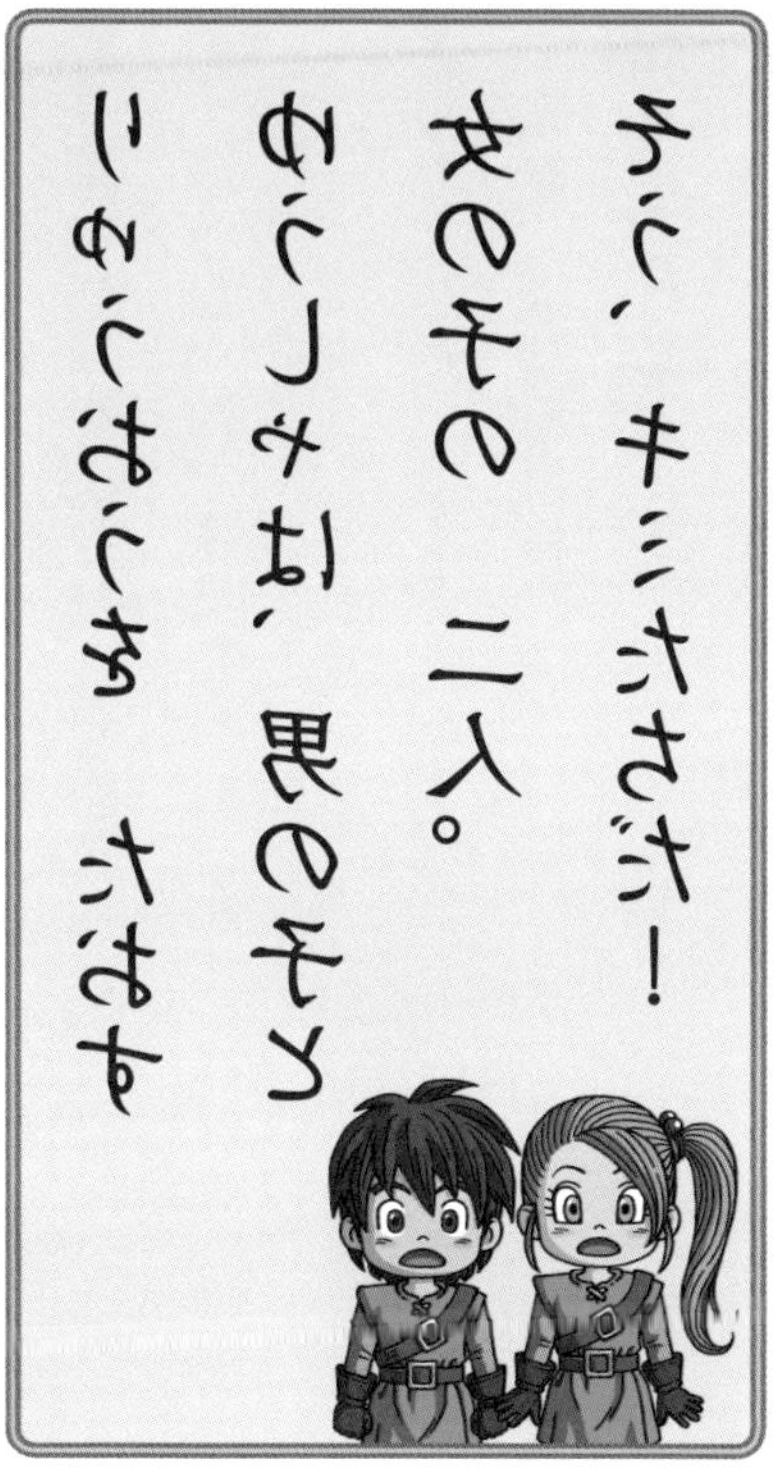

家族《かぞく》で ちょうせん！

ウルトラゆうしゃもんだい

ゆうしゃについて　わかったことを　□に　書《か》こう。
かん字《じ》で　書《か》けるところが　あれば、
かん字《じ》を　つかおう。

ゆうしゃの　□　の子《こ》の　名前《なまえ》は、
キミの　名前《なまえ》を　書《か》こう！
だ！

ゆうしゃの　正体《しょうたい》が　わかった！
ゆうしゃのそうびを
手《て》に入《い》れた！

地図《ちず》の⑯に
このシールを
はろう！

クリアした日《ひ》　月《がつ》　日《にち》

まさか、キミたちが
ゆうしゃだなんて！

本当《ほんとう》に
びっくり！

17

読《よ》みの問題《もんだい》

りゅうおうの かげを おって

ジッテンのほこら

はてなスライム

あ! かがみが かがやいて
石《せき》ばんに 文字《もじ》が
うかびあがったよ。
なんて 書《か》いて あるのかな?

りゅうおうを たおすことの できる
でんせつの ゆうしゃは、キミたちだった!
力《ちから》を とりもどした ラーのかがみが
まばゆい 光《ひかり》を はなちました。
その 光《ひかり》を うけると……
なんと! キミたちに ねむっていた
ゆうしゃのチカラが 目《め》ざめたのです!

キミたちが 石《せき》ばんを 手《て》にすると、
石《せき》ばんに ふしぎな 文字《もじ》が
うかびあがって きました。

石《せき》ばんに 書《か》かれた
ふしぎな 文字《もじ》を かいどくして、
□ に 文《ぶん》しょうを 書《か》きましょう。

キミたちの ゆうしゃのチカラが、
読《よ》み方《かた》を 教《おし》えてくれるよ。
「ゆうしゃ」と 読《よ》めるね!

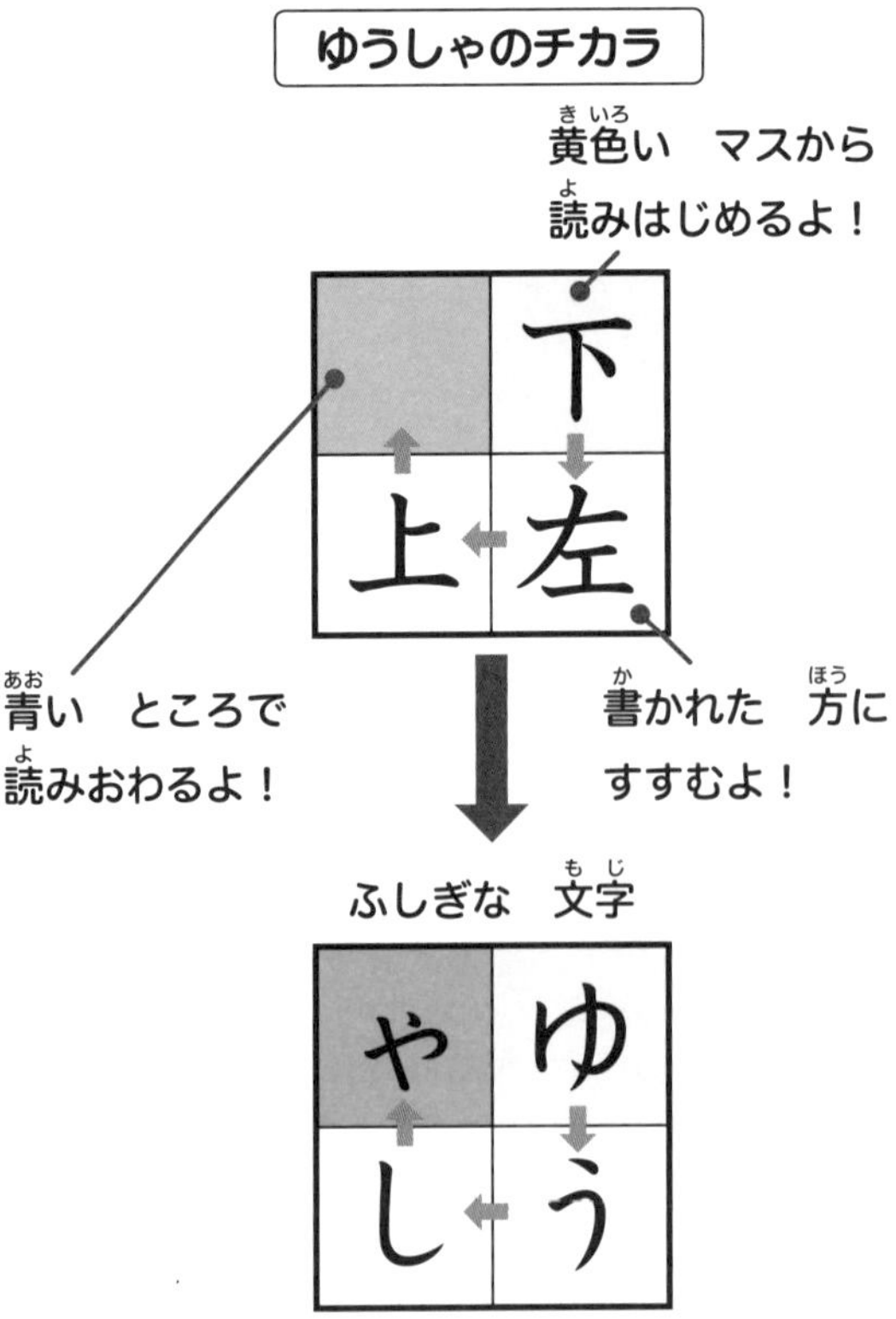

ゆうしゃのチカラ①

	下	左
上	左	上
右	右	上
上	左	左

↑ 黄色《きいろ》いマス

ゆうしゃのチカラ②

下	左	左	左
	右	右	上
右	上	下	左
上	左	左	上

↑ 黄色《きいろ》いマス

①→②の じゅんに 文《ぶん》しょうを 書《か》こう!

①

②

ふしぎな 文字《もじ》①

、	む	ど
は	に	い
お	う	に
う	ゅ	り

ふしぎな 文字《もじ》②

よ	つ	ひ	が
う	ス	タ	ー
モ	ン	の	体
ま	か	な	七

上《じょう》下《げ》左《さ》右《ゆう》の ほうこうの じゅん番《ばん》に 読《よ》んでみよう!

クリア!

文《ぶん》しょうを かいどくした! おちていた ちいさなメダルを 一《いち》まい 手《て》に入《い》れた!

地図《ちず》の⑰に このシールを はろう!

クリアした日《ひ》　月《がつ》　日《にち》

なかまを さがしに しゅっぱつだ!

新《あたら》しい ばしょへ 行《い》きましょう!

18

書《か》き取《と》りの問題《もんだい》

新《あら》たな なかまを もとめて

ジッテンの岩山《いわやま》

キラーパンサー

新《あら》たな ばしょへ むかうには 船《ふね》が ひつようだ。岩山《いわやま》の 先《さき》にある ゴクゴク村《むら》で 船《ふね》が 見《み》つかるだろう。

海《うみ》へ 出《で》るには、船《ふね》が ひつようです。
船《ふな》つき場《ば》が あることで ゆうめいな
ゴクゴク村《むら》を 目《め》ざして、
キミたちは ジッテンのほこらを たび立《だ》ちました。

ところが、ジッテンの岩山《いわやま》の 出口《でぐち》で、
モンスターが まちぶせを していました。
キミたちを ゴクゴク村《むら》へ 行《い》かせないために、
りゅうおうが、おくりこんできた モンスターです。

モンスターたちを たおして、
ゴクゴク村《むら》を 目《め》ざしましょう。

ことばが 一《ひと》つ できると、
モンスターに 10の ダメージを あたえられます。
□に かん字《じ》を 書《か》いて
モンスターを たおしましょう。

スライムナイトたちが あらわれた！
HP《ヒットポイント》(体力《たいりょく》)：20

□□□《ごえんだま》には あなが あいている。

□□□《いちねんせい》に なる。

□□□《しちごさん》の おいわい。

お□□《てだま》を する。

メタルライダーたちが　あらわれた！
HP《ヒットポイント》(体力《たいりょく》)：30

こんどは わたしたちが あいてだ！

空《そら》の □□□《みかづき》

□□《あまおと》を 聞《き》く。

ビルの □□《でぐち》

□□□《しょうがっこう》

□《おとこ》の □《こ》

□□《おうじょ》さま

ハートナイトが　あらわれた！
会心《かいしん》の　一《いち》げきで　たおそう！

フハハハ、この　わたしを　たおせるかな？

□□□《せんにんりき》の パワーを もつ ゆうしゃ。

この　ことばを 書《か》ければ、会心《かいしん》の　一《いち》げき！

クリア！

立《た》ちふさがる モンスターたちを やっつけた！

地図《ちず》の⑱に このシールを はろう！

クリアした日《ひ》　月《がつ》　日《にち》

なんとか　岩山《いわやま》を ぬけられたね。

新《あたら》しい　町《まち》は すぐ　そこみたい！

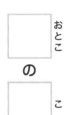

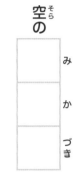

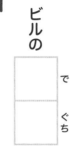

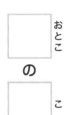

19

書《か》き取《と》りの問題《もんだい》

船《ふな》つき場《ば》の ある 村《むら》へ

ゴクゴク村《むら》

麦《むぎ》わらのおじさん

海《うみ》のモンスターが あばれて
かん字《じ》が バラバラになって
しまったんだ。海《うみ》で 魚《さかな》が
とれなくて こまってるんだ。

船《ふね》を 手《て》に入《い》れたい キミたちは、
ゴクゴク村《むら》へ たどりつきました。

ゴクゴク村《むら》は、コクーゴ海《かい》の 近《ちか》くにあり、
村人《むらびと》たちは、海《うみ》で 魚《さかな》を とって、くらしていました。
ところが、コクーゴ海《かい》に すむ モンスターたちが
あばれ出《だ》し、かん字《じ》を こわしてしまいました。
海《うみ》は あれ、魚《さかな》を とることが
できなく なってしまったのです。

キミたちの かん字《じ》のチカラで、
ゴクゴク村《むら》の 村人《むらびと》を たすけましょう。

モンスターによって こわされた
かん字《じ》を 直《なお》せば、あれた 海《うみ》を
元《もと》に もどすことが できます。
□の 中《なか》の こわれた かん字《じ》を すべて
直《なお》すのに 合《あ》う ぶひんを 一《ひと》つだけ
⬚から えらび、○を つけましょう。

れい

こわれた かん字《じ》

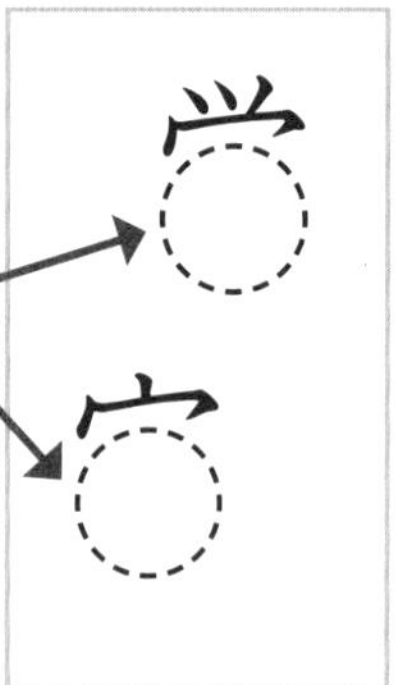

ぶひん

土 ㊇子 口 八

正《ただ》しい ぶひんと 組《く》み合《あ》わせて こわれた かん字《じ》が
元《もと》に もどると 「学《がく》」と 「字《じ》」に なるね！

❶ こわれた かん字《じ》

儿
八

ぶひん

山 上 白 目

❷ こわれた かん字《じ》

人 全

ぶひん

一 ソ 口 丶

❸ こわれた かん字《じ》

赤 糸 亅

ぶひん

八 一 く 二

❹ こわれた かん字《じ》

一 十 ノ

ぶひん

口 人 日 目

❺ こわれた かん字《じ》

山 止 夕

ぶひん

土 山 口 日

家族《かぞく》で ちょうせん！

ウルトラゆうしゃもんだい

□の 中《なか》の かん字《じ》を すべて 直《なお》せる ぶひんを ⬚から 二《ふた》つずつ えらび、❶の ぶひんは○を、❷の ぶひんは△を つけましょう。

こわれた かん字《じ》

❶ 彐 弓 三

❷ 工 人 虫

ぶひん

丶 一 ノ 丨 丶 二

クリア！

ゴクゴク村《むら》の かん字《じ》を 直《なお》してあげた！ おれいに 船《ふね》を もらった！

地図《ちず》の⑲に このシールを はろう！

クリアした日《ひ》 月《がつ》 日《にち》

やっと 魚《さかな》が とれる。たすかったよ！

こちらこそ 船《ふね》を ありがとう！

大海原《おおうなばら》へ こぎ出《だ》そう！

コクーゴ海《かい》

はてなスライム

船《ふね》にのって 海《うみ》のぼうけんに しゅっぱーつ！ きれいで しずかな 海《うみ》だけど、 ちょっと あれてきたかも!?

コクーゴ海《かい》へと こぎ出《だ》した キミたち。
モンスターに 出会《であ》うことのない、
おだやかな たびが つづいていました。

ところが とつぜん 海《うみ》が あれはじめました。
モンスターが、ふたたび 海《うみ》で
あばれ出《だ》したに ちがいありません。

あれている 海《うみ》を のりこえ、
あばれている モンスターを たおして、
たびを つづけましょう。

マーマン

キングマーマン

1

海《うみ》は はげしく あれていますが、
「あ」「い」「う」「え」「お」の
どれかで 読《よ》みはじめる かん字《じ》が ある ところは
海《うみ》が あれていません。
海《うみ》が あれていない かん字《じ》に ○を つけて、
船《ふね》を すすめましょう。

スタート

赤	一	上	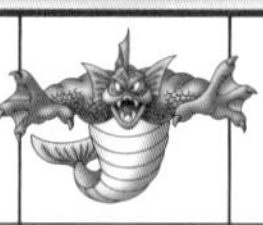	青
石	夕	音	八	円
男		王	糸	女
犬	目	立	本	竹

ゴール

船《ふね》は タテか ヨコにしか すすめないよ！

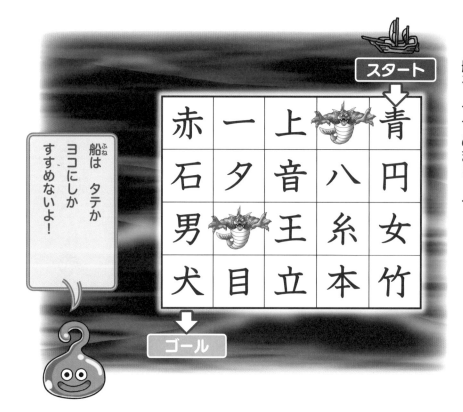

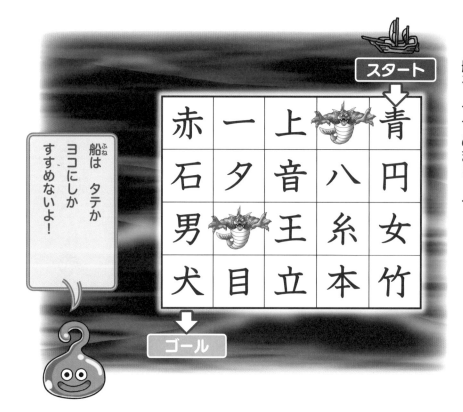

2

海《うみ》に　すむ　モンスター、マーマンたちが
船《ふね》に　のりこんできました！
マーマンが　もっている　カタカナを
つなぎ合《あ》わせると、かん字《じ》を　つかった
ことばの　読《よ》み方《かた》に　なります。
そのことばを　□に　かん字《じ》で　書《か》いて、
マーマンを　たおしましょう。

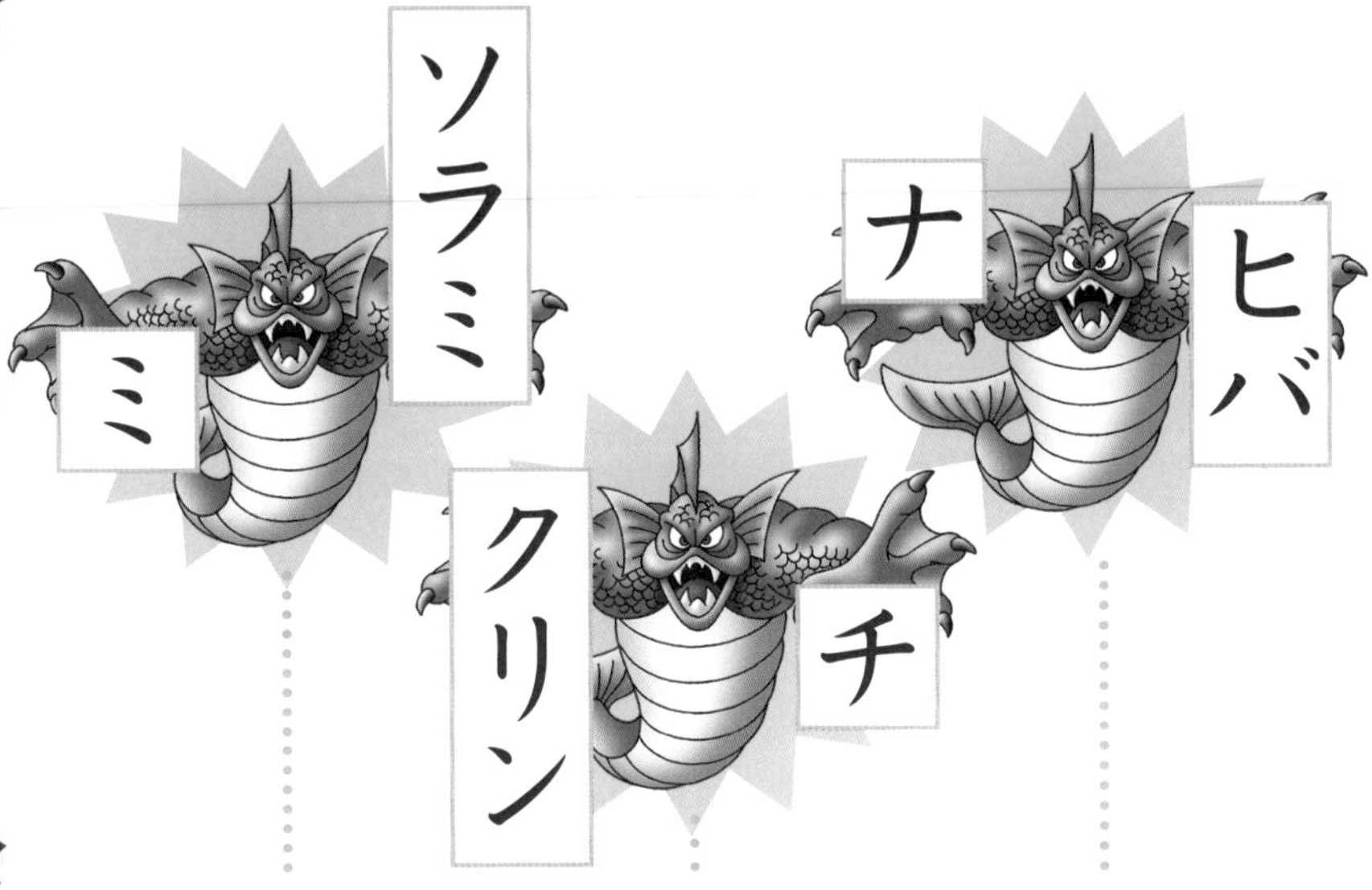

クリア！

あれた　海《うみ》を　のりきった！

地図《ちず》の20に　このシールを　はろう！

クリアした日《ひ》　月《がつ》　日《にち》

家族《かぞく》で　ちょうせん！

ウルトラゆうしゃもんだい

海《うみ》には　もっと　あれているところが　あります。
「あ」「い」「う」「え」「お」の　どれかで　読《よ》みはじめる
かん字《じ》に　○を　つけて、ゴールを　目《め》ざしましょう。

スタート

	空	雨
年	天	日
生	小	名
右	休	五

ゴール

21

読《よ》み書《か》きの問題《もんだい》

なげきムーンを　しずめよう！

コクーゴ海《かい》

なげきムーン

むーん！　かん字《じ》が
こわいよぉ！　だから
海《うみ》で　あばれて　かん字《じ》を
こわすよぉ！　むーん！

あれた　海《うみ》を　なんとか　のりきった　キミたち。
あたりは　すっかり　くらくなり、夜《よる》に　なりました。
空《そら》には　大《おお》きな　月《つき》が　うかんでいます。
ところが、月《つき》には　かおが　あり、
キミたちの　ほうへ　近《ちか》づいてきました。

月《つき》に　見《み》えたのは、
なげきムーンだったのです！
海《うみ》を　あらす　なげきムーンの
いかりを　しずめて、
海《うみ》を　元通《もとどお》りに　しましょう。

1

あばれ出《だ》した　なげきムーンは、
ごろごろと　ころげ回《まわ》りました。
すると、かん字《じ》も　ころげ回《まわ》り、
むきが　おかしく　なってしまいました。
□に　正《ただ》しい　むきの　かん字《じ》を　書《か》きましょう。

2

もっと　いかりだした　なげきムーンは、
おしつぶしの　とくぎで
かん字《じ》を　こうげきしました！
なげきムーンの　こうげきを　うけた　かん字《じ》は、
いらない　線《せん》が　一本《いっぽん》
つけたされてしまいました。
□に　正《ただ》しい　かん字《じ》を　書《か》いて
なげきムーンの　いかりを　しずめましょう。

このように
正《ただ》しい　かん字《じ》に
直《なお》してね。

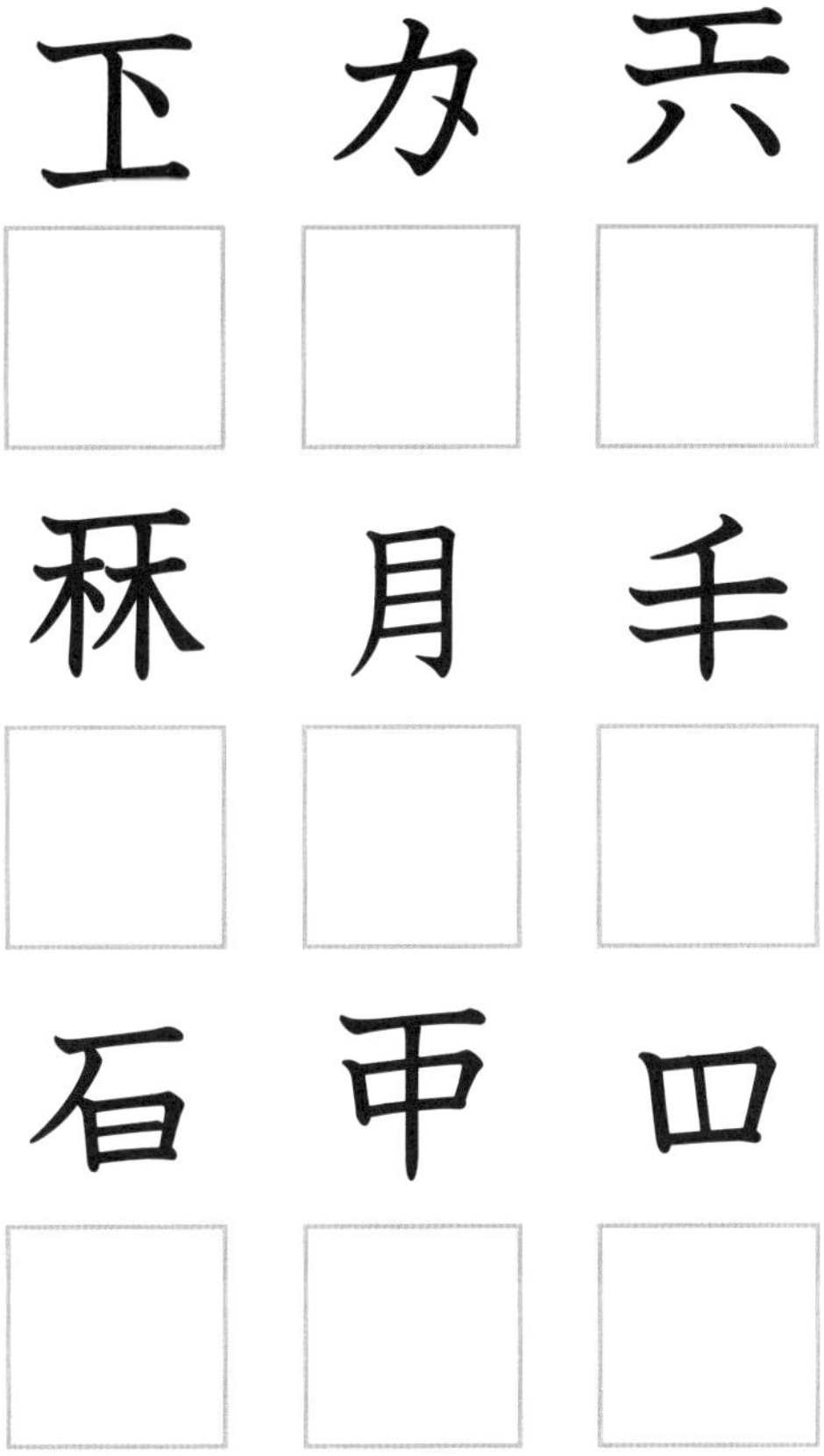

家族《かぞく》で
ちょうせん！

ウルトラゆうしゃもんだい

①～⑥の　中《なか》には　おくりがなが　まちがっている
かん字《じ》が　三《みっ》つ　あります。正《ただ》しく　書《か》き直《なお》しましょう。

①大きい　②学なぶ
③早い　④休すむ
⑤小さい　⑥正い

あばれて　ごめんなさい……。
おわびに　キミたちの　チカラに
なりたいんだ。むーん。

海《うみ》が　おだやかに　なった！
なんと　なげきムーンが
なかまに　なった！

地図《ちず》の㉑に
このシールを
はろう！

クリアした日《ひ》　月《がつ》　日《にち》

五体目《ごたいめ》の　なかま
モンスターだよ！

みんなと　なかよく
してね！

書《か》き取《と》りの問題《もんだい》

22

村《むら》で　話《はなし》を　聞《き》こう！

ブシュの村《むら》

なげきムーン

ここは　ブシュの村《むら》だよ。
村《むら》の　外《そと》を　すすむと　森《もり》が
大《おお》きな　さばくと
広《ひろ》がってるんだ。むーん。

ブシュの村《むら》は、ドリルガルド中《じゅう》の
船《ふね》が　あつまる　村《むら》です。
りょうしたちは、船《ふね》で　海《うみ》に出《で》て
魚《さかな》や　かん字《じ》を　とって　くらしています。

キミたちは、さっそく　ブシュの村《むら》での
聞《き》きこみを　はじめました。

むこうから　歩《ある》いてくるのは
りょうしの　男《おとこ》の人《ひと》です。
海《うみ》で　とれた　かん字《じ》を、かごに　たくさん　入《い》れています。

1

男《おとこ》の人《ひと》は　ころんで　かごを　おとしてしまい、
かごの　中《なか》の　かん字《じ》が
半分《はんぶん》に　われてしまいました。
かごの　中《なか》の　ぶひんを　二《ふた》つずつ　組《く》み合《あ》わせて、
かん字《じ》を　八《やっ》つ　作《つく》り、□に　書《か》きましょう。

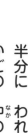

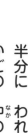

2

町《まち》の人《ひと》たちは、かん字《じ》を　思《おも》い出《だ》せなくて、
こまっていました。
話《はなし》を　聞《き》いて、かん字《じ》　ひと文字《もじ》で
教《おし》えてあげましょう。

おまえにも　ある。
これを　すまして
音《おと》を　聞《き》くぞ。

それは ❶ □ ですね！

うちにも　いるよ。
ワンワン　鳴《な》いて
家《いえ》を　まもるのさ。

それは ❷ □ ですね！

木《き》や　草《くさ》むらに　いるのを
あみを　つかって　つかまえるんだ。

それは ❸ □ ですね！

きれいな　色《いろ》で、かおりが
いいよ。ぼくも　大《だい》すきさ。

それは ❹ □ ですね！

クリア！

村《むら》の　人《ひと》たちを　たすけた！
おれいに　ちいさなメダルを
一《いち》まい　もらった。

地図《ちず》の㉒に
このシールを
はろう！

さばくの　先《さき》には
大《おお》きな　森《もり》が　あるよ。

ボク、知《し》ってるよ！
ジュクゴーの森《もり》だよ！

クリアした日《ひ》　月《がつ》　日《にち》

読《よ》みの問題《もんだい》

23

ブシュさばく

ブシュさばくを すすもう！

はてなスライム

ほんとうに 広《ひろ》い さばくだね。
目《め》じるしが どこにも ないと
すぐに まいごに
なっちゃうよ～。

ブシュさばくは とても 広《ひろ》く、
どこまで 行《い》っても すなばかりが つづきます。

しかし、さばくには かん字《じ》が たくさん おちていて、
ゆうしゃの かん字《じ》のチカラを
正《ただ》しく つかえば、さばくの 先《さき》にある
森《もり》へ まよわずに たどりつくことが できそうです。

正《ただ》しい 道《みち》を 通《とお》って、
ブシュさばくを ぬけ、森《もり》に たどりつきましょう。

1

ブシュさばくの 正《ただ》しい 道《みち》では、
おちている かん字《じ》の 読《よ》み方《かた》が
しりとりに なっています。
□に 入《はい》る かん字《じ》を ［　］の 中《なか》から
えらんで □に 書《か》き、
道《みち》を すすみましょう。

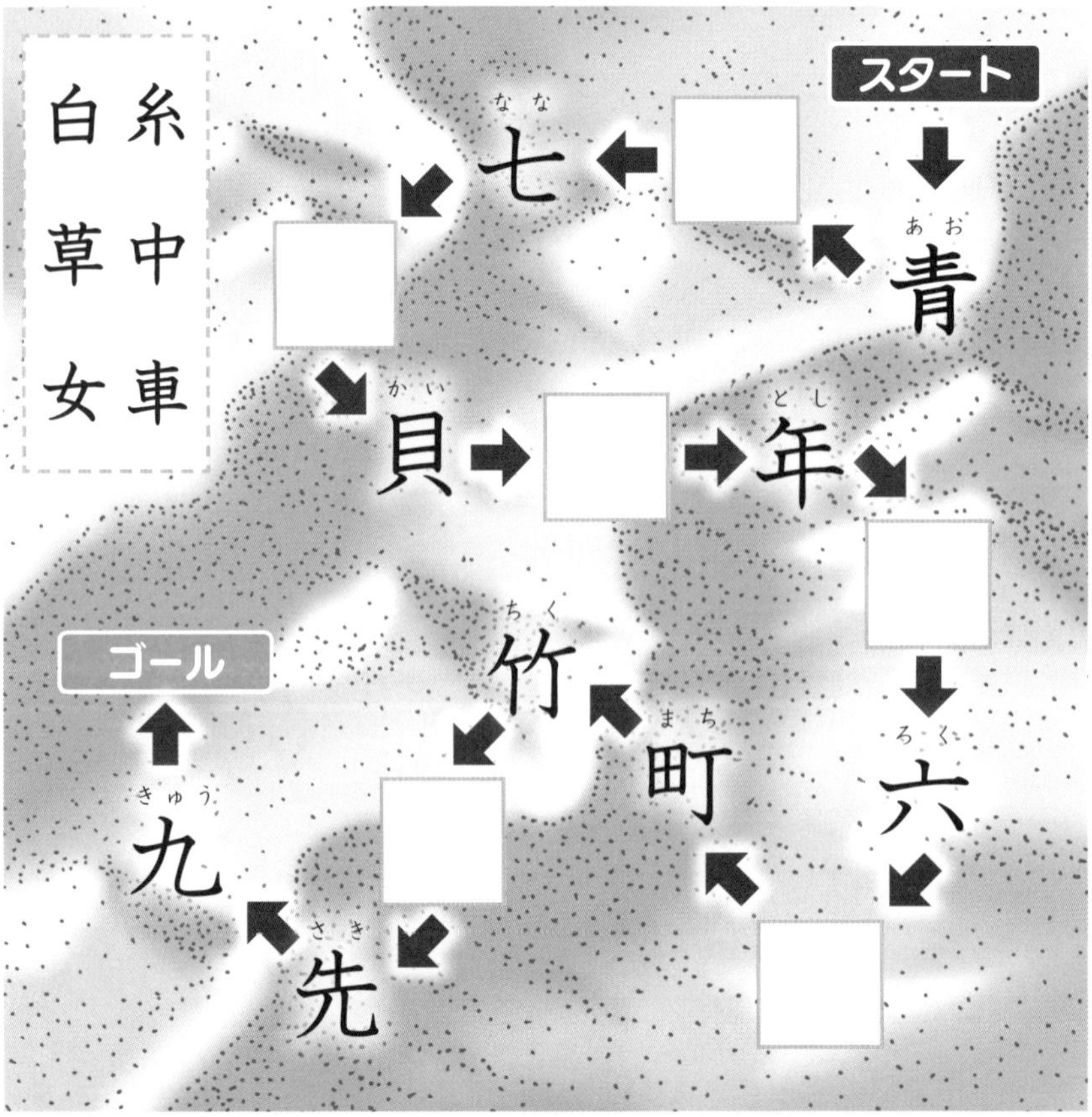

2

かん字《じ》の　読《よ》み方《かた》の　しりとりを　して、
すべての　かん字《じ》を　一回《いっかい》ずつ　通《とお》り、
スタートから　線《せん》を　つなげていきながら
ゴールへと　すすみましょう。

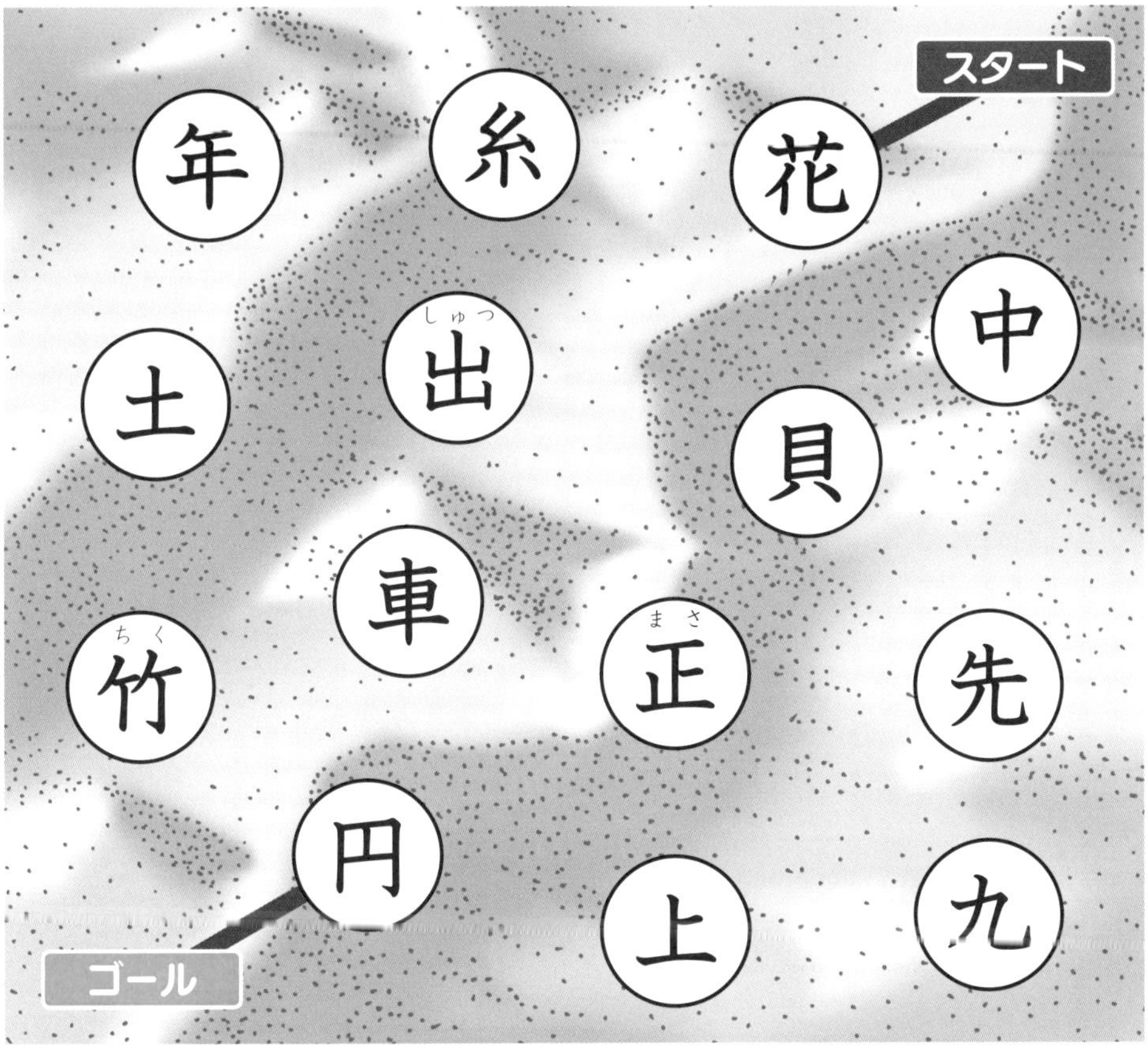

家族《かぞく》でちょうせん！

ウルトラゆうしゃもんだい

⬚の　中《なか》の　五《いつ》つの　かん字《じ》を　正《ただ》しく　ならべると、
かん字《じ》の　読《よ》み方《かた》で　しりとりに　なります。
□に　かん字《じ》を　書《か》いて　ゴールを　目《め》ざしましょう。

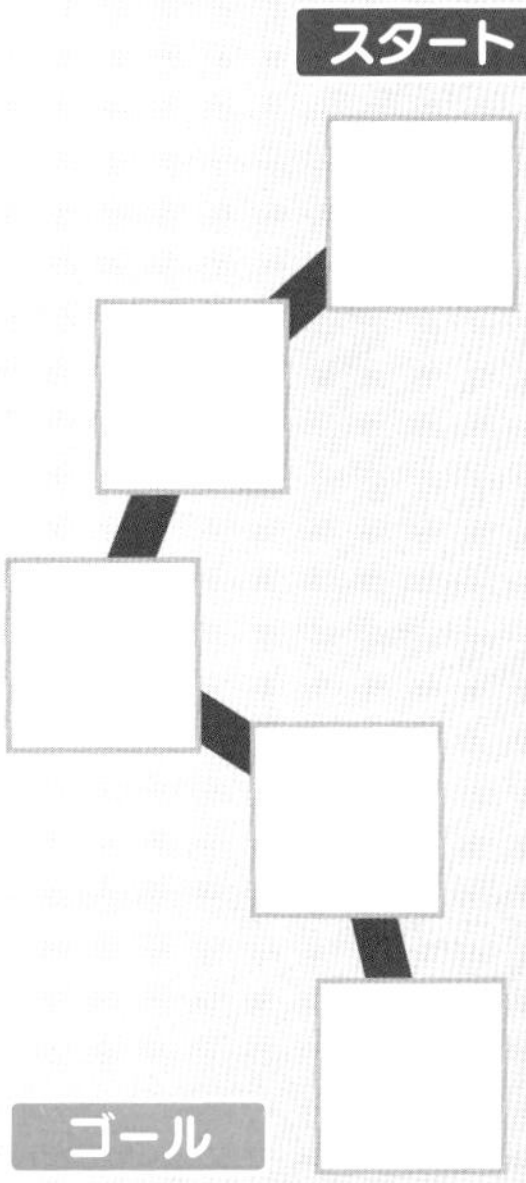

力　下　町
玉　石

クリア！

ブシュさばくを　こえた！
とちゅうで　ちいさなメダルを
一《いち》まい　ひろった！

地図《ちず》の㉓に
このシールを
はろう！

クリアした日《ひ》　月《がつ》　日《にち》

森《もり》まで　まよわずに
たどりつけたね。

森《もり》の　中《なか》に
入《はい》ってみましょう。

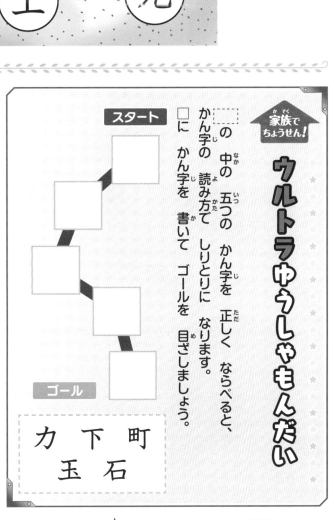

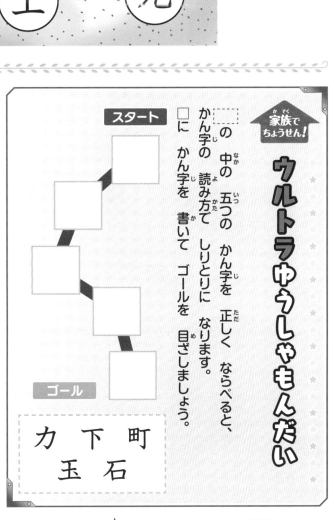

ことばの問題《もんだい》

24

ジュクゴーの森《もり》

ジュクゴーの森《もり》の　中《なか》へ

きりかぶこぞう

ここは　ジュクゴーの森《もり》だよ！
たくさん　草木《くさき》が　生《は》えている
ボクの　ふるさとなんだ！
道《みち》あんないするよ！

ジュクゴーの森《もり》は　あちこちに　木《き》が　生《は》え、めいろのように　なっています。
かん字《じ》を　組《く》み合《あ》わせて、二文字《にもじ》の　ことばが　できるかん字《じ》の　ほうに　すすみ、モンスターと　出会《であ》わないようにジュクゴーの大木《たいぼく》へ　たどりつきましょう。

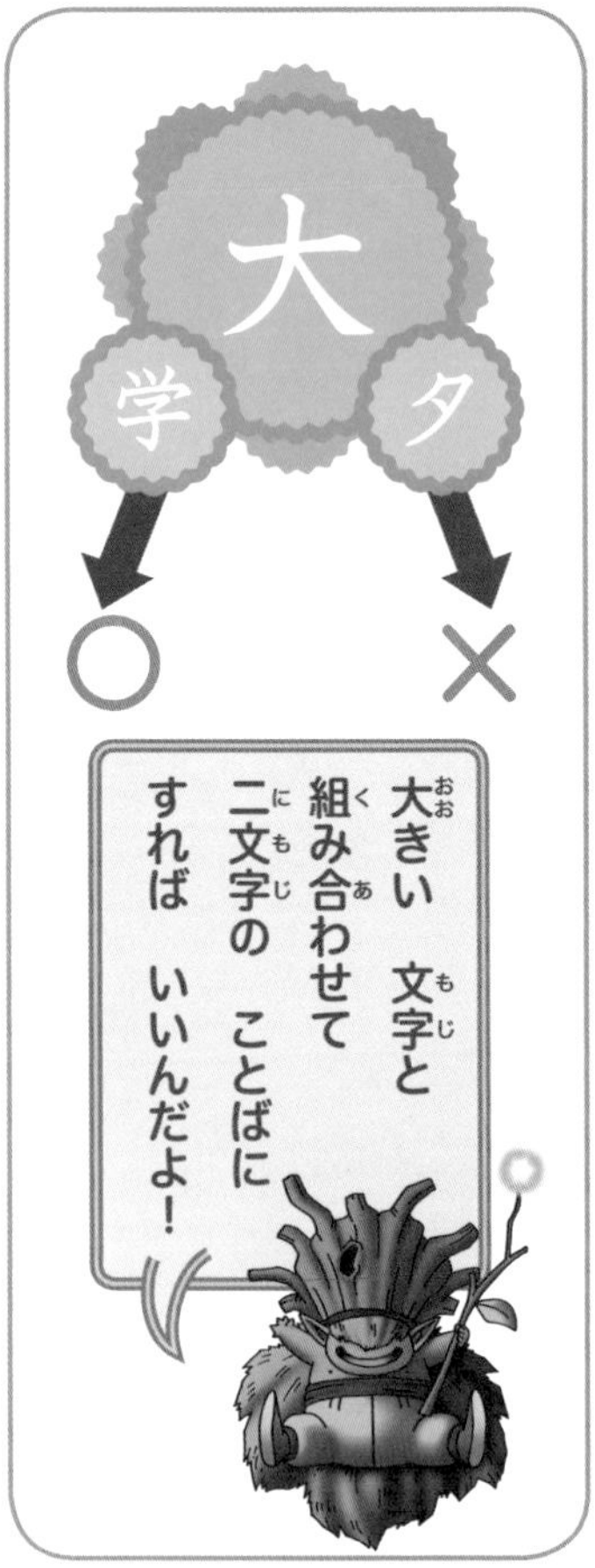

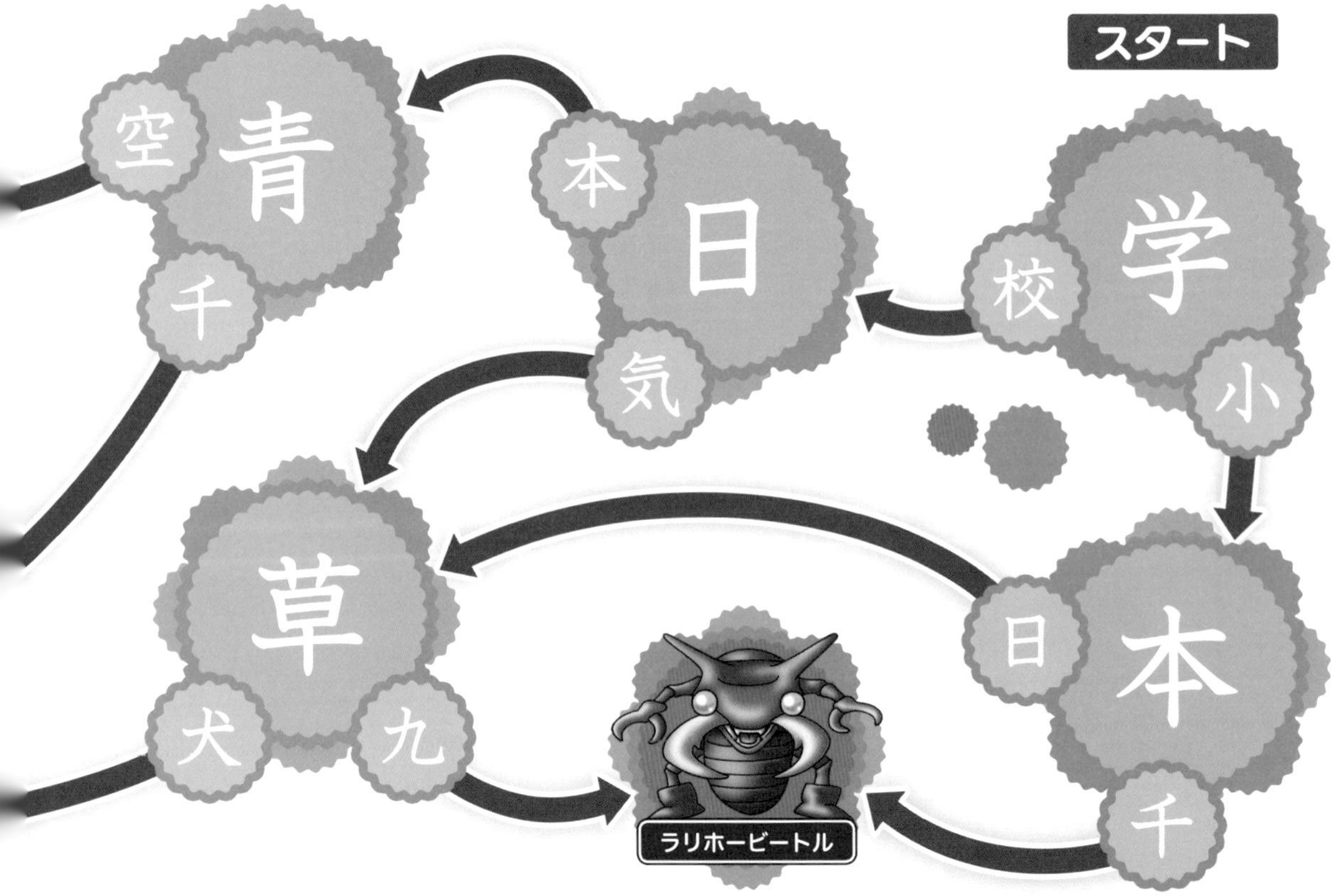

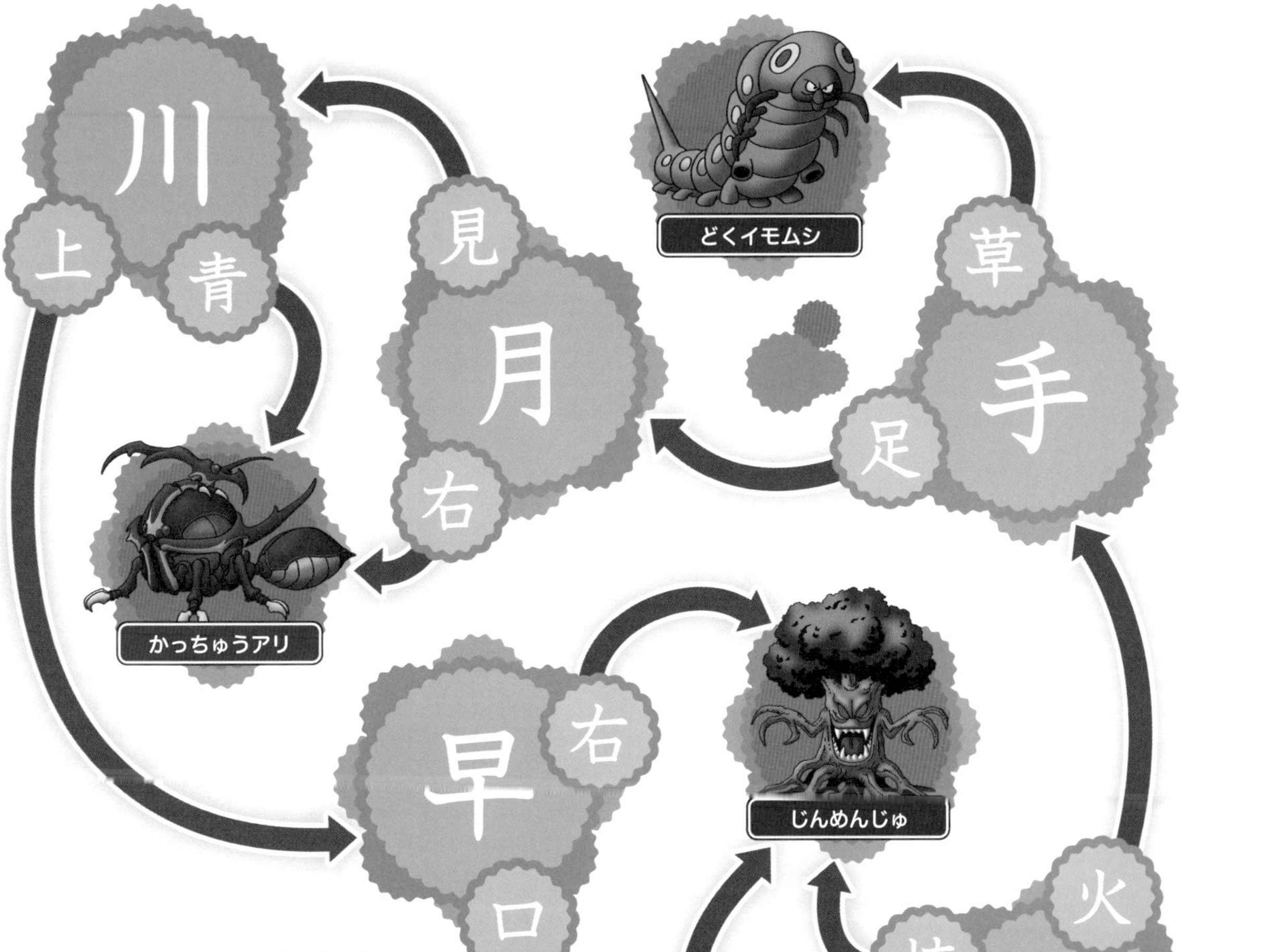

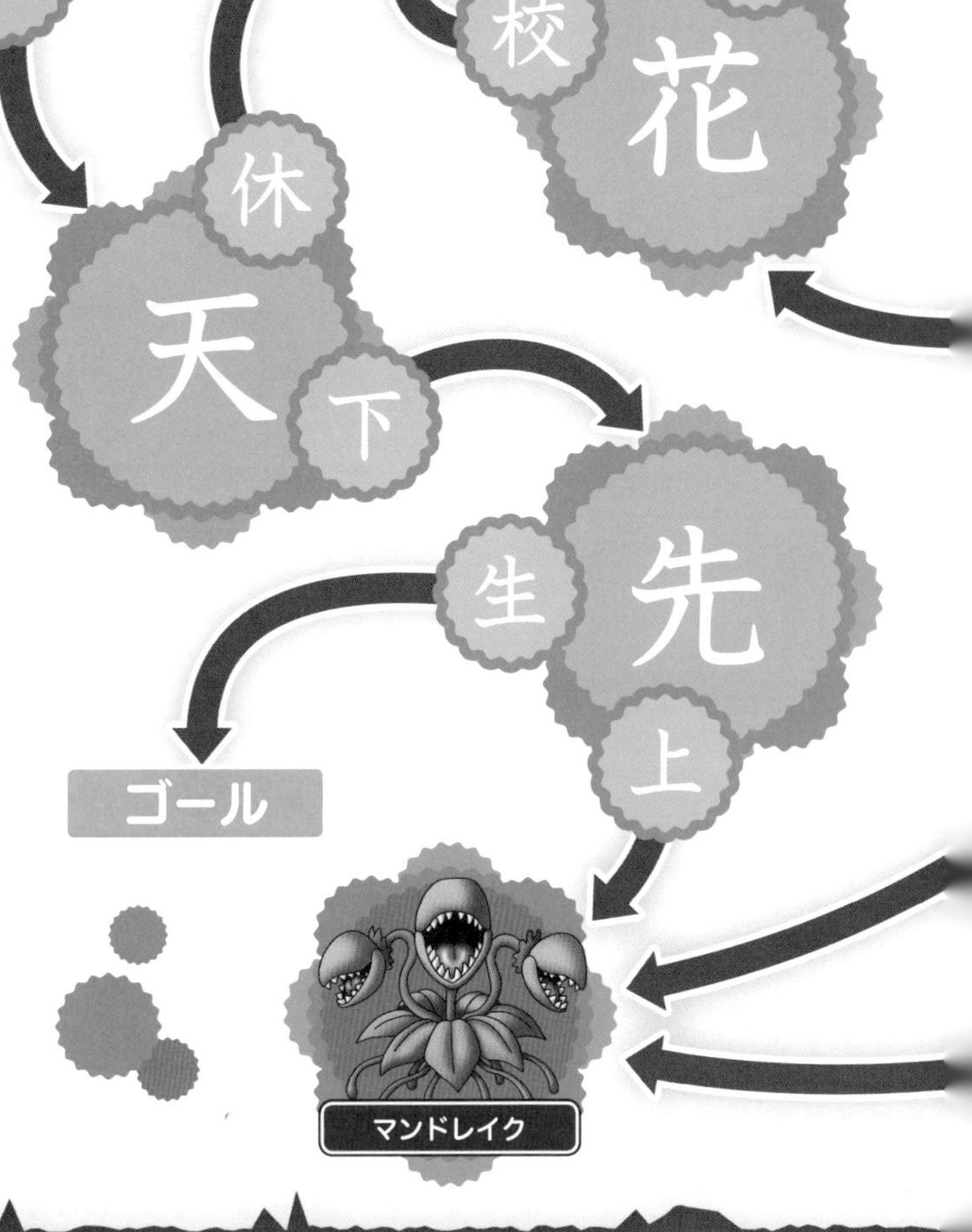

クリア!

ジュクゴーの森《もり》を　すすんだ!
とちゅうで　ちいさなメダルを
一《いち》まい　手《て》に入《い》れた!

地図《ちず》の㉔に
このシールを
はろう!

クリアした日《ひ》　月《がつ》　日《にち》

大《おお》きな　木《き》の
ねもとに　ついたわ!

中《なか》に　入《はい》って
のぼれそうだよ!

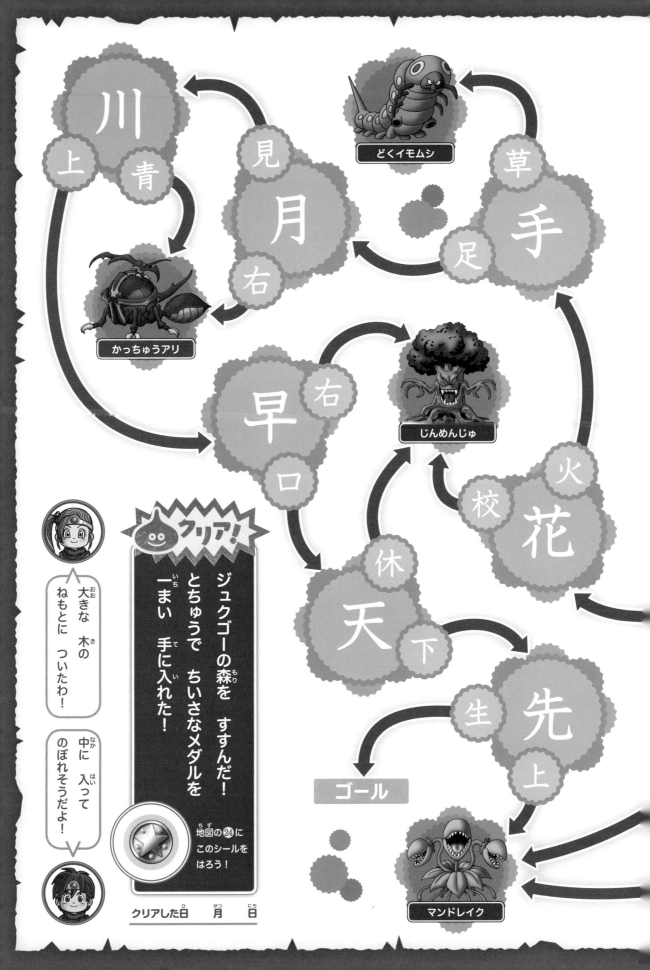

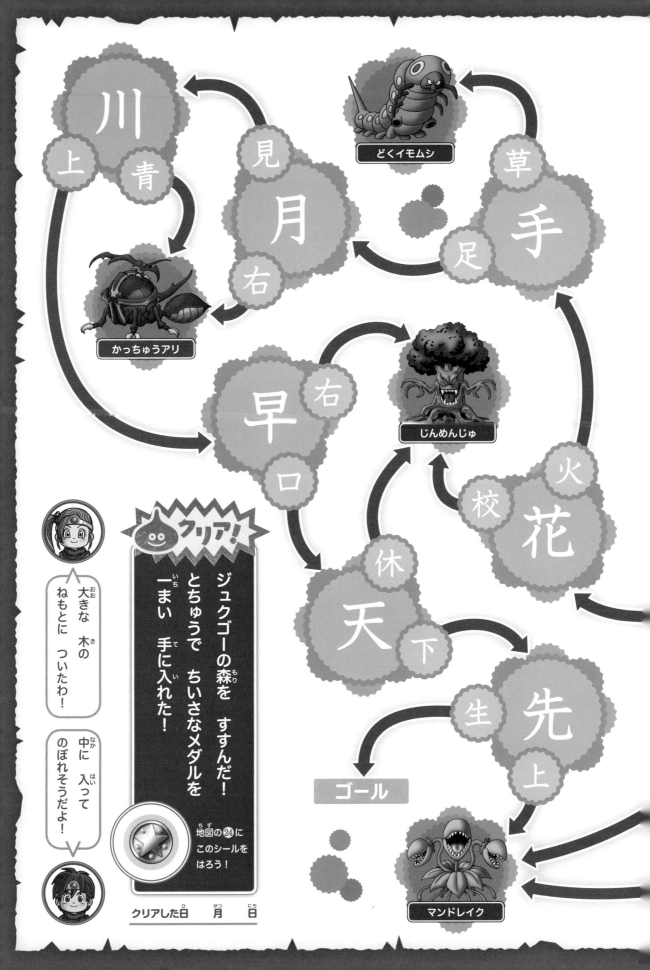

書《か》き取《と》りの問題《もんだい》

25

ジュクゴーの大木《たいぼく》を　のぼろう

ジュクゴーの大木《たいぼく》

はてなスライム

わー！　本当《ほんとう》に　大《おお》きな
木《き》だね！　あれ？　上《うえ》の　ほうに
何《なに》か　いるみたいだよ。
のぼってみよう！

ジュクゴーの森《もり》の　おくふかくに　そびえ立《た》つ
ジュクゴーの大木《たいぼく》に　たどりついた　キミたち。

ちょう上《じょう》へ　のぼれば、
きっと、りゅうおうに　いどむために
ひつような　新《あたら》しい　なかまと
出会《であ》えるはずです。

ところが、木《き》の
ねもとでは
じんめんじゅたちが
まちかまえていました。

じんめんじゅ

1

十一体《じゅういったい》の　じんめんじゅが　あらわれて、
キミたちを　おどらせて　じゃましようと、
さそうおどりを　おどりました！
じんめんじゅと　同《おな》じ　数《かず》の
「木《き》」という　かん字《じ》を　つかって
できる　かん字《じ》を　□に　書《か》き、
じんめんじゅを　やっつけましょう。

じんめんじゅ一体《いったい》

じんめんじゅ三体《さんたい》

じんめんじゅ五体《ごたい》

じんめんじゅ二体《にたい》

じんめんじゅ　五体《ごたい》の
もんだいは、
「木《き》」の　字《じ》を
つかって　できる
二文字《にもじ》の　かん字《じ》を
書《か》こう！

2

□に 入《はい》る かん字《じ》を 書《か》いて、ジュクゴーの大木《たいぼく》を ちょう上《じょう》まで のぼりましょう。

□《じょう》	空
年	□
□	年
見	□《がく》
□《はな》	見
生《せい》	□
□《せん》	生
目	□
木《もく》	目《め》
大《たい》	木《ぼく》

大木《たいぼく》→木目《もくめ》 のように、下《した》の ことばの 二文字目《にもじめ》と、上《うえ》の ことばの 一文字目《ひともじめ》に、同《おな》じ かん字《じ》を 入《い》れると のぼっていけるよ！

見晴《みは》らしが とても きれい！

たいようも 近《ちか》くに あるね！

クリア！

じんめんじゅを やっつけて ジュクゴーの大木《たいぼく》の ちょう上《じょう》まで のぼった！

地図《ちず》の㉕に このシールを はろう！

クリアした日《ひ》　月《がつ》　日《にち》

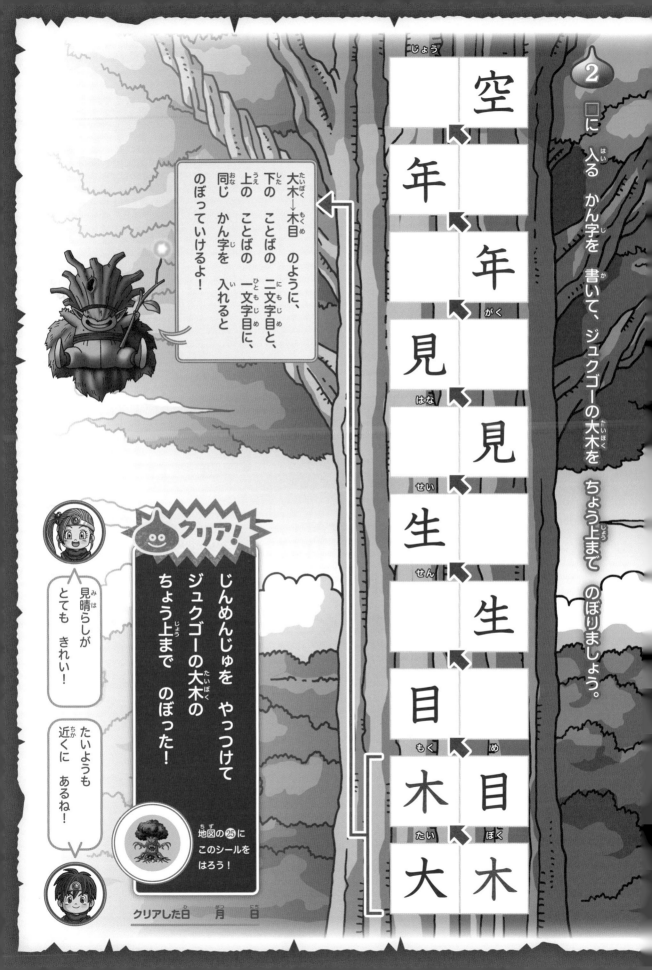

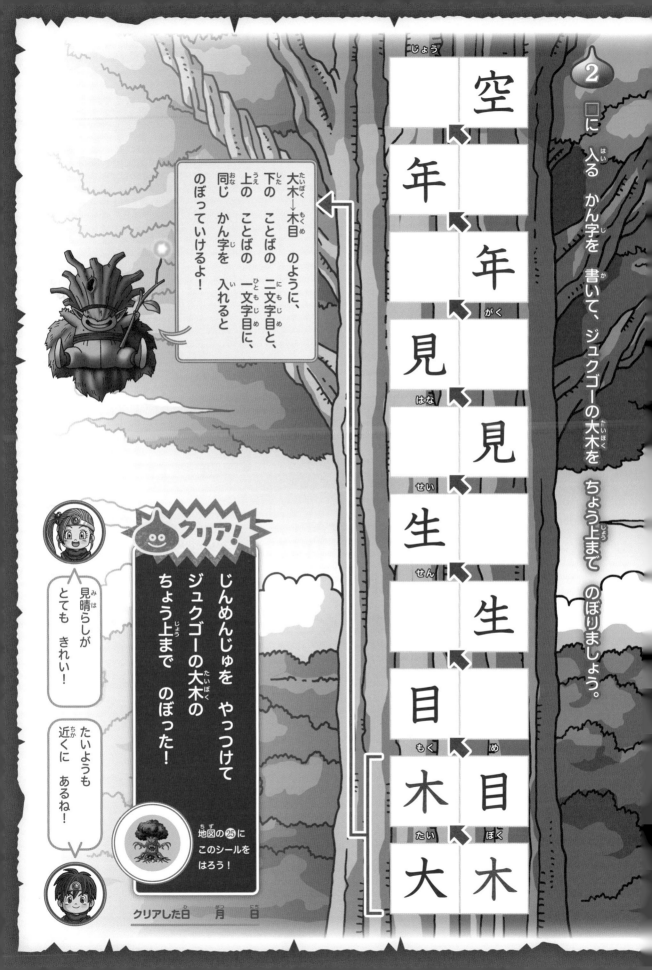

読《よ》み書《か》きの問題《もんだい》

26

ジュクゴーの大木《たいぼく》の ちょう上《じょう》

ジュクゴーの大木《たいぼく》

シャイニング

わたしは この木《き》に おひさまの
光《ひかり》を あびせているのだ。
この もんだいが とけたら
なかまに なっても よいぞい。

ジュクゴーの大木《たいぼく》の ちょう上《じょう》には、
シャイニングが いました。

シャイニングは たいようの
すがたをした モンスターで、
たいようの 光《ひかり》を ジュクゴーの大木《たいぼく》に
あてに きていました。

キミたちは、なかまに なってほしいと
シャイニングに おねがいしました。すると、
シャイニングは、自分《じぶん》が 出《だ》す もんだいを
とけたら なかまに なると やくそくしてくれました。

シャイニングの もっている ○の かん字《じ》と、
まわりの かん字《じ》を 組《く》み合《あ》わせて、
ことばを 作《つく》り、□に 書《か》きましょう。

「日《ひ》」と 「一《いち》」なら
「一日《いちにち》」という
ことばが できるね

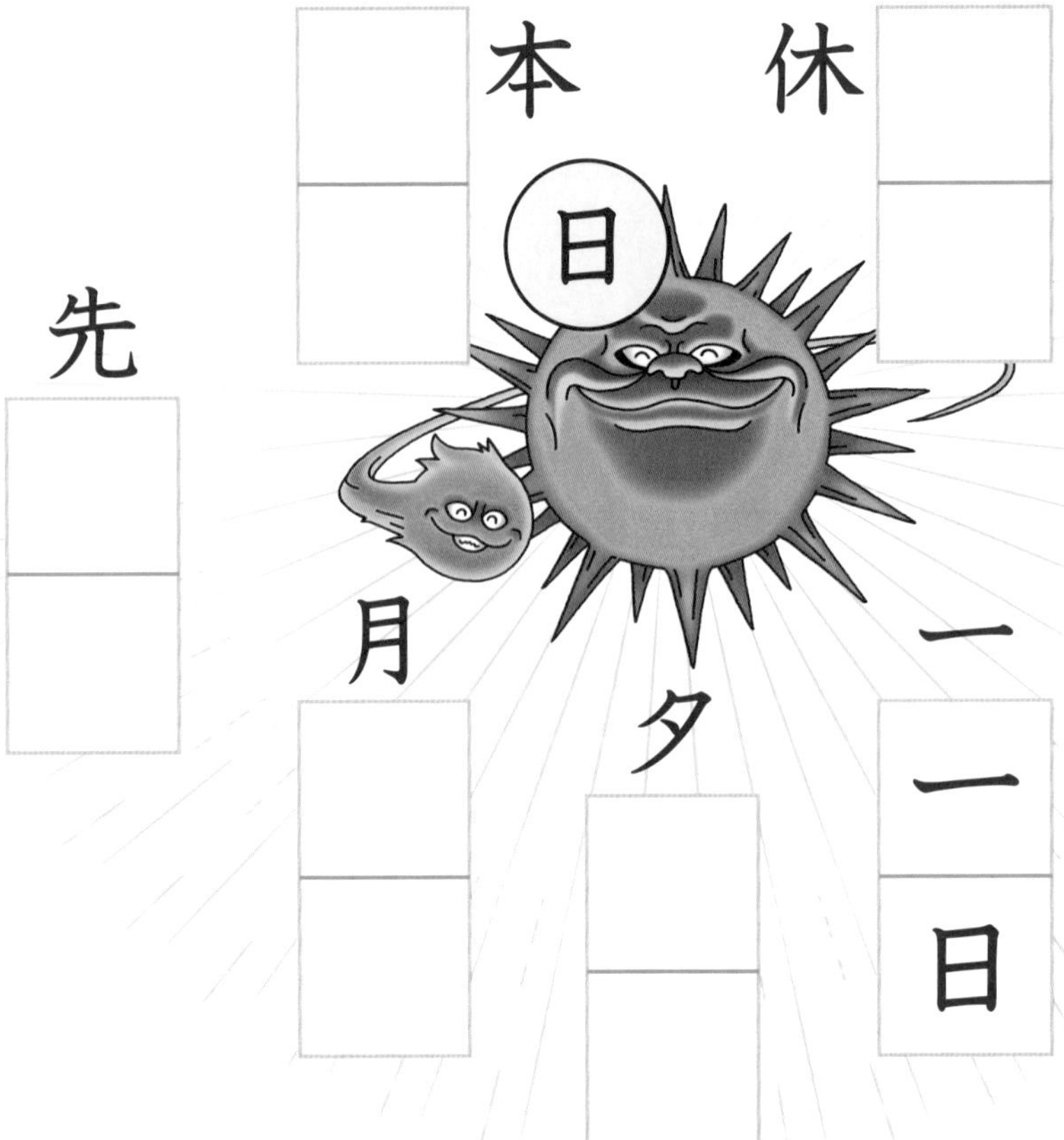

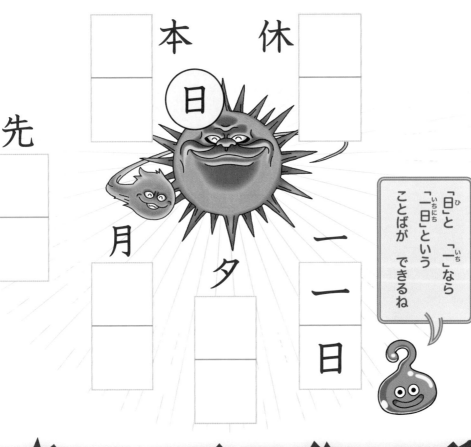

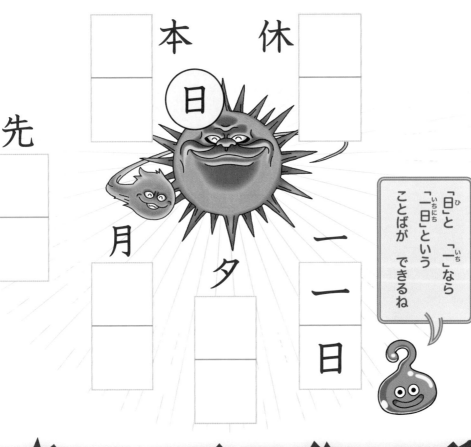

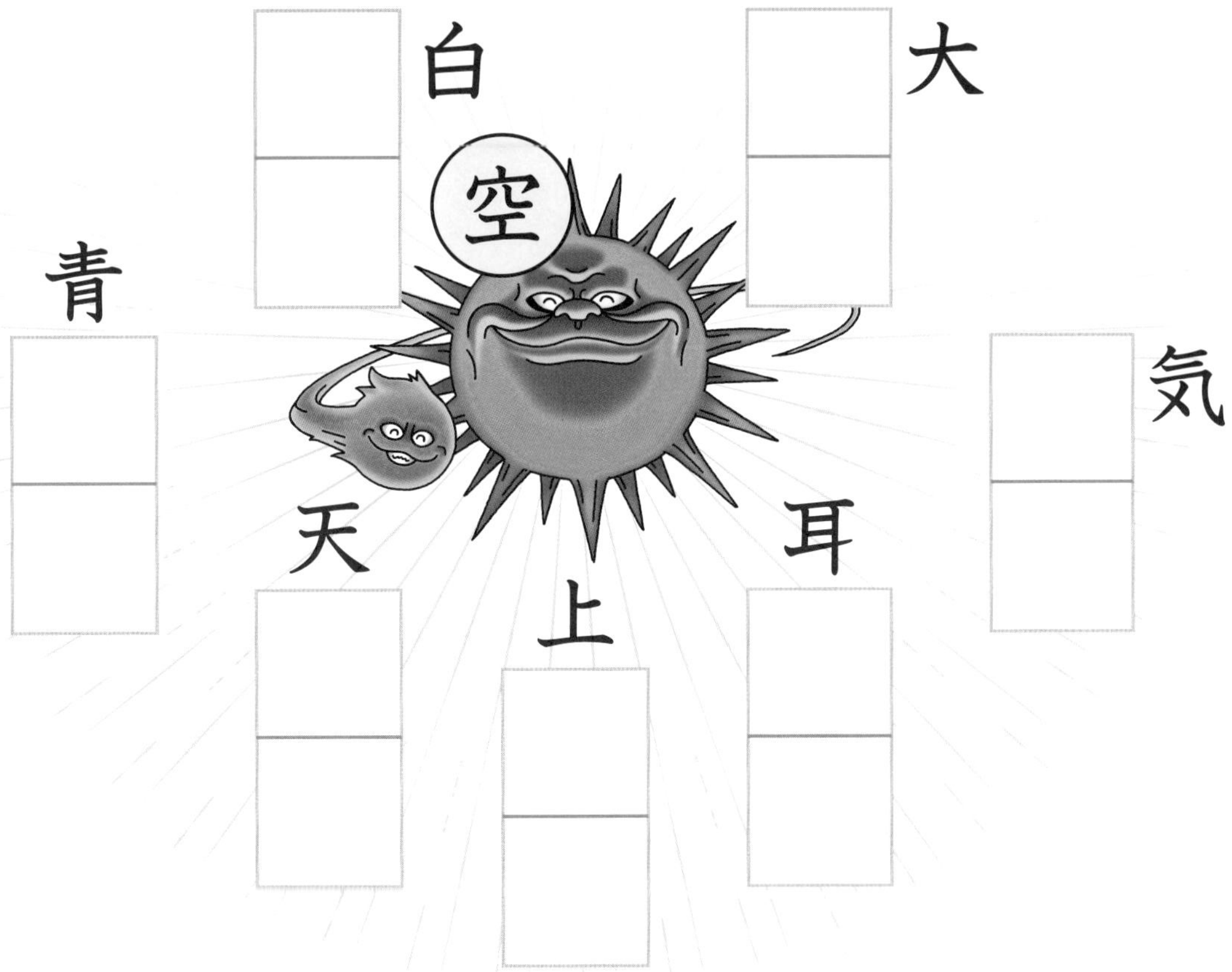

家族《かぞく》でちょうせん!

ウルトラゆうしゃもんだい

シャイニングの　おまけもんだい!
上《うえ》の　ことばは、とくべつな　読《よ》み方《かた》を　します。
下《した》にある　読《よ》み方《かた》と　——で　むすびましょう。

上手・	・はつか
二十日・	・じょうず
大人・	・たなばた
二人・	・おとな
七夕・	・ふたり

クリア!

なんと　シャイニングが
やくそくどおりに
なかまに　なった!

地図《ちず》の㉖に
このシールを
はろう!

クリアした日《ひ》　月《がつ》　日《にち》

ふむ。りゅうおうと　たたかうなら　ぬま地《ち》の　地下《ちか》にある
オンクンのどうくつを　目《め》ざすと　よいぞい。

27

読《よ》みの問題《もんだい》

オンクーンのぬま地《ち》を　目《め》ざす

ブシュさばく

はてなスライム

ジュクゴーの森《もり》から　さばくに　もどってきたよ。さばくを　通《とお》って　オンクーンの　ぬま地《ち》を　目《め》ざそう！

オンクンのどうくつは、ブシュさばくの　むこうに　ある　オンクーンのぬま地《ち》の　地下《ちか》に　あると　わかりました。

オンクーンのぬま地《ち》への　道《みち》は、ゆうしゃの　かん字《じ》の　チカラが　教《おし》えてくれます。

かん字《じ》のチカラを　つかって、ブシュさばくを　ぬけ、オンクーンのぬま地《ち》を　目《め》ざしましょう。

読《よ》みが　「さ」「し」「す」「せ」「そ」から　はじまらない　かん字《じ》が　あるところを　通《とお》れば　さばくを　まよわずに　すすむことが　できます。あんぜんな　かん字《じ》に　○をつけて、さばくを　すすみましょう。

スタート

先	水	手	左	王
百	八	田	子	休
花	森	六	車	音
校	糸	玉	気	円

ゴール

どの　かん字《じ》も　通《とお》れるのは　一回《いっかい》だけだよ！

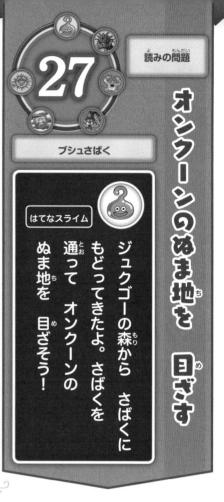

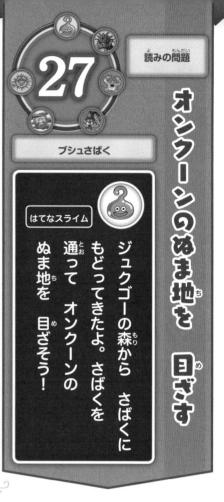

スタート ↓

白	草	村	青	八	木
天	火	立	山	犬	足
虫	生	大	空	名	文
目	早	見	赤	石	入
力	七	六	口	右	九

↓ ゴール

「さ」「し」「す」「せ」「そ」で
はじまる　かん字《じ》に
×を　すると　すすむ
道《みち》が　見《み》えるぞい。

家族《かぞく》でちょうせん!

ウルトラゆうしゃもんだい

オンクーンのぬま地《ち》が　見《み》えてきました。
かん字《じ》の　読《よ》み方《かた》の　一字目《いちじめ》を　手《て》がかりにして、□に　入《はい》る
かん字《じ》を　[　]から　えらんで　□に　書《か》きましょう。

雨 → 川
↓
山 → 田
↓
□

[空　中　音　王　車　早]

クリア!

ぬま地《ち》に　たどりついた!
とちゅうで　ちいさなメダルを
一《いち》まい　手《て》に入《い》れた!

地図《ちず》の27に
このシールを
はろう!

クリアした日《ひ》　月《がつ》　日《にち》

ここが　オンクーンの
ぬま地《ち》だぞい。

どうやら　てきの
おでましだぜ～!

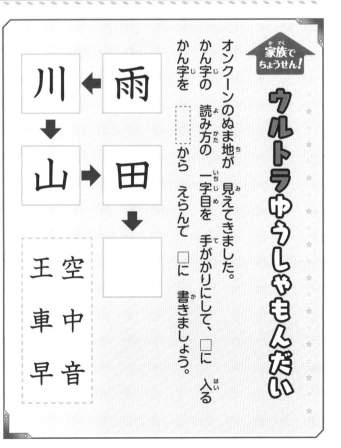

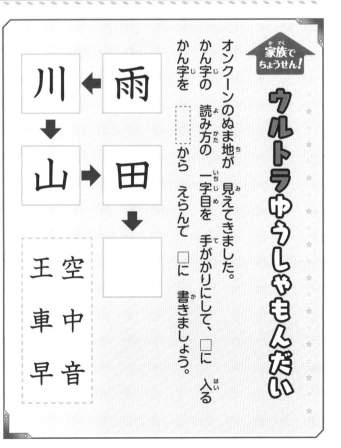

28

書《か》き取《と》りの問題《もんだい》

リカントたちとの たたかい!

オンクーンのぬま地《ち》

はてなスライム

オンクーンのぬま地《ち》に ある
どうくつの 入口《いりぐち》に ついたよ!
あ! モンスターたちが
入口《いりぐち》を ふさいでいるよ!

オンクーンのぬま地《ち》は
古《いにしえ》のゆうしゃについての 言《い》いつたえが
のこされている ばしょです。

古《いにしえ》のゆうしゃは かつて この地《ち》に
オンクーンのどうくつを 作《つく》りました。

そして、りゅうおうのような
強《きょう》てきが あらわれたときに
そなえて、立《た》ちむかえる
チカラを どうくつに
のこしたと 言《い》われています。

リカントたち

どうくつの 入口《いりぐち》に たどりついた
キミたちの 前《まえ》に、リカントたちが
あらわれました!
——の ぶぶんの かん字《じ》を、
文《ぶん》しょうの あとにある □の 中《なか》に 書《か》いて、
リカントたちを やっつけましょう。

どうくつの ①いりぐちでは、②さん体《たい》の
リカントたちが ③おおきな ④くちをあけて
まちぶせていました!
くちからは よだれが ⑤いとを ひいています。

キミたちが みがまえる 前《まえ》に、
⑥まんなかに いた リカントが
⑦さきに おそいかかってきました!

するどいツメの ついた ⑧さゆうの ⑨てを
おおきく ふりまわします。

キミたちは ⑩えんを えがくように ステップして
⑪ちいさな うごきで かわします。

リカントの　こうげきは
⑫くうを　切《き》りました。
こんどは　キミたちの　こうげきです！
⑬てん高《たか》く　ふり上《あ》げた　けんを
⑭しょうめんの　リカント⑮めがけて
⑯ちからいっぱい　ふり下《お》ろしました！
おどろいた　リカントは　⑰しろめを　むき、
⑱みみを　たれ下《さ》げて　⑲きぜつしました。
ほかのリカントたちは、あわてた顔《かお》をし、
たおれた　リカントを　たすけおこすと、
⑳あしばやに　にげていきました。

①

②

③

④

⑤

⑥

⑦

⑧

⑨

⑩

⑪

⑫

⑬

⑭

⑮

⑯

⑰

⑱

⑲

⑳

リカントたちが
いなくなったよ！

これで　どうくつに
入《はい》れるね。

クリア！

どうくつの　前《まえ》で
じゃまをしていた
リカントたちを　やっつけた！

地図《ちず》の28に
このシールを
はろう！

クリアした日《ひ》　月《がつ》　日《にち》

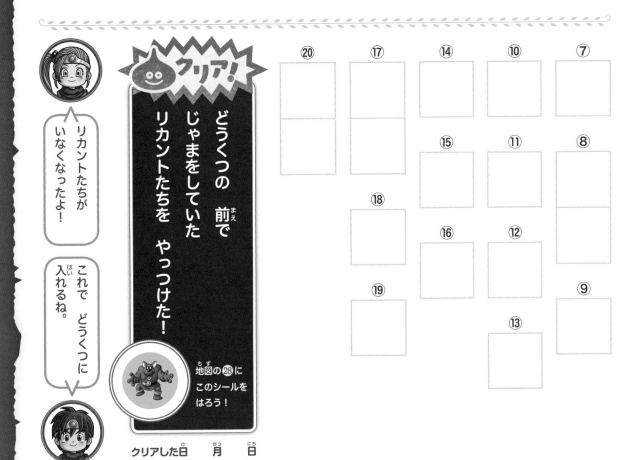

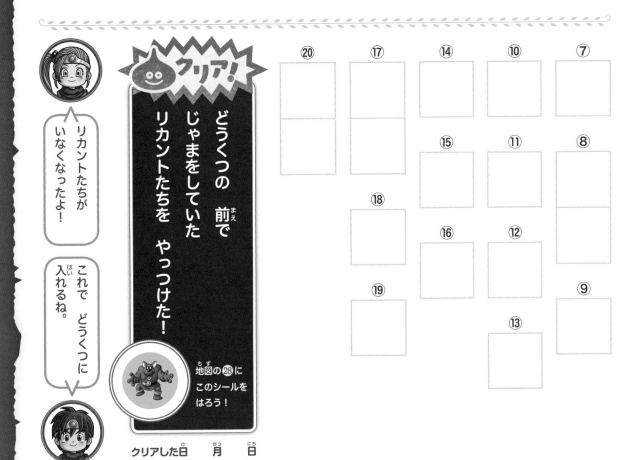

画数《かくすう》の問題《もんだい》

29

オンクンのどうくつ

オンクンのどうくつの ふういん

はてなスライム

どうくつの中《なか》は めいろに なっているね。正《ただ》しいかん字《じ》を えらなばないと 先《さき》に すすめない みたいだよ。

オンクンのどうくつに 足《あし》を ふみ入《い》れた キミたち。

古《いにしえ》のゆうしゃは、どうくつに かん字《じ》の ふういんを はっていました。りゅうおうを たおせる 力《ちから》は、「ふういんの間《ま》」に ねむっています。

オンクンのどうくつには たくさんの へやが あり、いちばん おくが 「ふういんの間《ま》」です。

かん字《じ》のチカラを つかって、ひとへやずつ すすんでいきましょう。

それぞれの へやの 正《ただ》しい かん字《じ》に ○を つけて、どうくつを すすみましょう。

へやの 数字《すうじ》と 同《おな》じ 画数《かくすう》の かん字《じ》に ○を つけて すすもう！

へやの 数字《すうじ》だよ！

4
犬赤

犬《いぬ》は 4画《かく》、赤《あか》は 7画《かく》だから、犬《いぬ》に ○をして、↓（やじるし）の ほうへ すすむよ！

オンクンのどうくつ 地下一《ちかいっ》かい

入口《いりぐち》

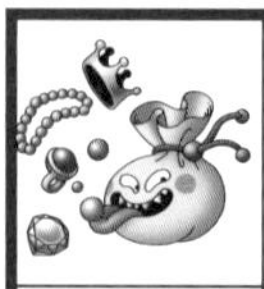	3 大中	4 手口	5 犬玉	2 山九
3 六山	2 ロカ	7 虫花	6 名目	3 カタ
4 女火	5 耳田	8 雨草	5 月四	4 日女
7 足空	6 貝気	7 年町	6 休石	

地下二《ちかに》かいへ

オンクンのどうくつ
地下《ちか》二《に》かい

入口《いりぐち》

3 立女	5 名石	7 森村	10 草校	6 竹車	4 子円
7 車気	9 雨音	3 中子	5 虫目	5 水出	7 早赤
	8 学糸	6 左字	6 出百	8 音金	2 十子
12 校森	4 山文		9 青草	4 月白	

ふういんの間《ま》へ

家族《かぞく》で ちょうせん!

ウルトラゆうしゃもんだい

オンクンのどうくつ 地下一《ちかいっ》かいの 十二番目《じゅうにばんめ》、地下二《ちかに》かいの 五番目《ごばんめ》と、十八番目《じゅうはちばんめ》の へやで えらんだ かん字《じ》を じゅん番《ばん》に ならべた ことばが、ふういんの間《ま》の とびらを あける じゅもんに なっています。じゅもんを □に 書《か》いて ふういんの間《ま》の とびらを あけましょう!

□□□《グランドクロス》!

大《おお》きな とびらの 前《まえ》に ついたわ。

中《なか》には 何《なに》が あるのかな?

クリア!

どうくつの おくに すすんだ! とちゅうで ちいさなメダルを 一《いち》まい 手《て》に入《い》れた!

地図《ちず》の㉙に このシールを はろう!

クリアした日《ひ》　月《がつ》　日《にち》

漢字《かんじ》を探《さが》す問題《もんだい》

30

ふういんの とびらを ひらこう

オンクンのどうくつ

はてなスライム

ここが ふういんの間《ま》かな？
かべには かん字《じ》が
いっぱいだ〜。
なぞを といてみよう！

ふういんの間《ま》には 大《おお》きい 石《せき》ばんと
小《ちい》さい 石《せき》ばんが ありました。
大《おお》きい 石《せき》ばんには、
たくさんの かん字《じ》が ならんでいます。
小《ちい》さい 石《せき》ばんには、古《いにしえ》のゆうしゃが のこした
メッセージが 書《か》かれていました。

古《いにしえ》のゆうしゃが のこした 大《おお》きい 石《せき》ばん

青	花
草	足
町	雨
七	村
耳	糸
森	見
花	学
音	糸
一	空

古《いにしえ》のゆうしゃが のこした 小《ちい》さい 石《せき》ばん

ゆうしゃの ちを 引《ひ》くものよ。
わたしは この地《ち》に 一体《いったい》の なかまモンスターと、
強《きょう》てきを たおす 力《ちから》を のこした。
七体《ななたい》の なかまモンスターが あつまったとき、
なかまたちの かん字《じ》のチカラで
にじの はしが かかるだろう。
大《おお》きな 石《せき》ばんの ふういんを といて
なかまモンスターと いっしょに、強《きょう》てきと
たたかう 力《ちから》を 手《て》に 入《い》れるがよい。

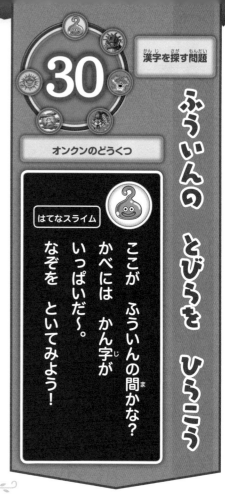

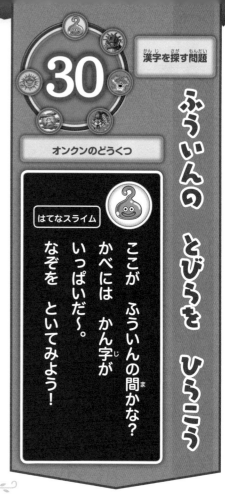

大《おお》きな　石《せき》ばんの　中《なか》には、
同《おな》じ　かん字《じ》が　二《ふた》つずつ
ありますが、
一《ひと》つだけ、一《ひと》つしか　ない
かん字《じ》が　あります。
その　かん字《じ》に　○を　つけて
大《おお》きな　石《せき》ばんの　ふういんを
ときましょう。

雨	車	貝	二	林	村
耳	見	六	森	土	年
音	七	赤		空	四
一	草	五	木	日	校
町	年	百	火	気	貝
青	学	月	水	水	車
足	日	気	金	百	三
林	校	二	五	火	赤
四	三	木	土	六	月

一《ひと》つずつ　かん字《じ》を　見《み》くらべて、
同《おな》じ　かん字《じ》に　しるしを
つけていくと　よいぞい。

クリア！

ふういんを　といた！
とちゅうで　ちいさなメダルを
一《いち》まい　ひろった！

地図《ちず》の30に
このシールを
はろう！

クリアした日《ひ》　月《がつ》　日《にち》

すごく　まぶしい
光《ひかり》が　あふれ出《だ》したよ！

大《おお》きな　モンスターが
まちかまえているわ！

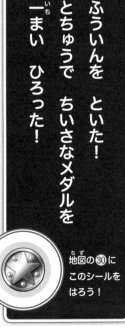

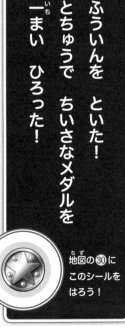

書《か》き取《と》りの問題《もんだい》

31

七《なな》体《たい》目《め》の なかまモンスター

オンクンのどうくつ

ゴールドマン

ゴゴゴ、長《なが》い間《あいだ》、まっていた。かん字《じ》のチカラを もつ 新《あら》たな ゆうしゃよ。その チカラを 見《み》せてみろ……。

古《いにしえ》のゆうしゃが のこした なかまモンスターは ゴールドマンだった！

ふういんが とかれたと いうことは、わるい チカラを もつ 強《きょう》てきが あらわれたのだな……。おまえたちの チカラが 本《ほん》ものなら、わたしは ふたたび ゆうしゃの なかまと なろう。

ゴールドマンに キミたちの かん字《じ》のチカラを しめして、なかまに なってもらおう。

1

ゴールドマンは かん字《じ》を ばらばらにした ブロックを キミたちに なげてきました！ ブロックを 組《く》み合《あ》わせ、元《もと》の かん字《じ》を 作《つ》って □に 書《か》きましょう。

組《く》み合《あ》わせると

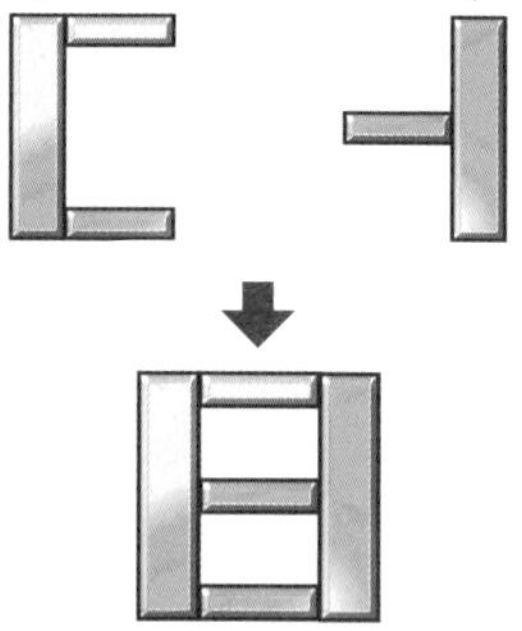

二《ふた》つの ブロックを 組《く》み合《あ》わせれば、日《ひ》の かん字《じ》が できるね！

❶

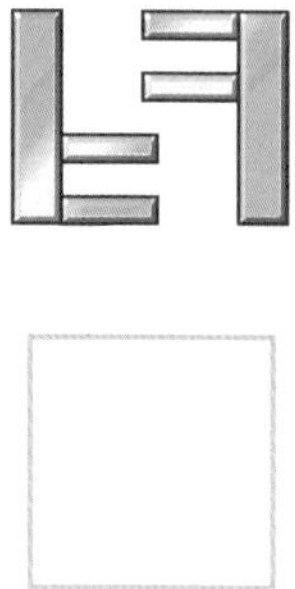

❷

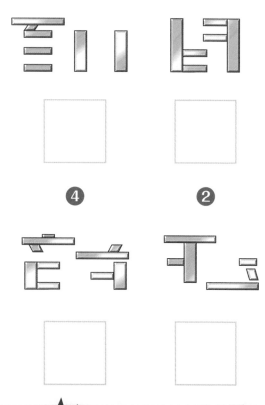

❸

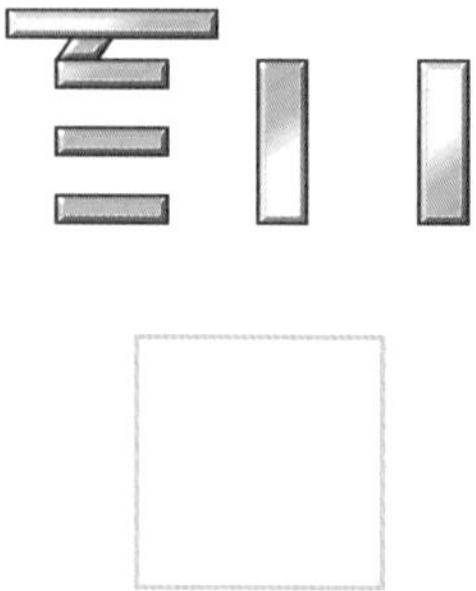

❹

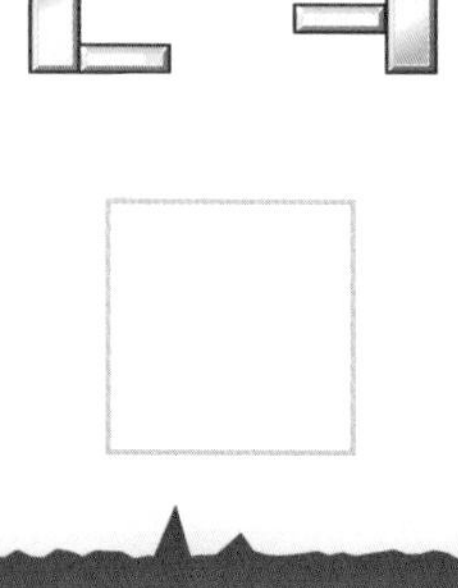

2

こんどは、二文字《にもじ》の　かん字《じ》を　つかった　ことばを
ばらばらにして、ブロックを　なげてきました！
ブロックを　組《く》み合《あ》わせ、
元《もと》の　ことばを　□に　書《か》きましょう。

❶

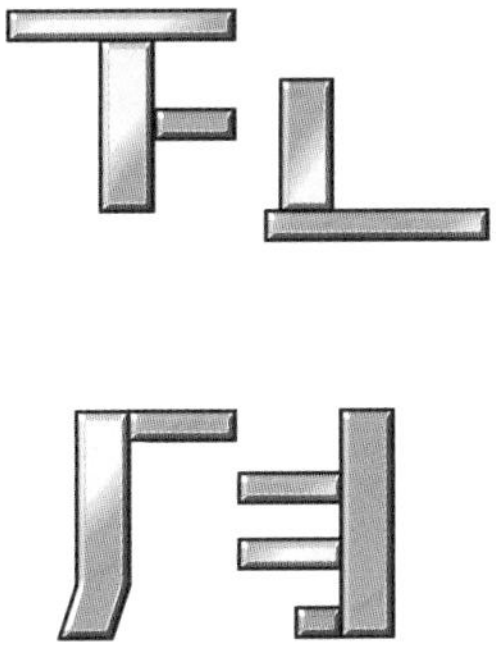

❷

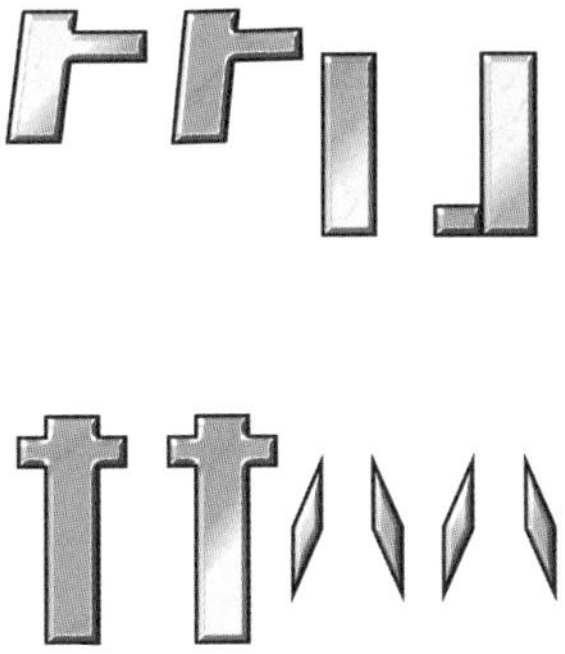

❸

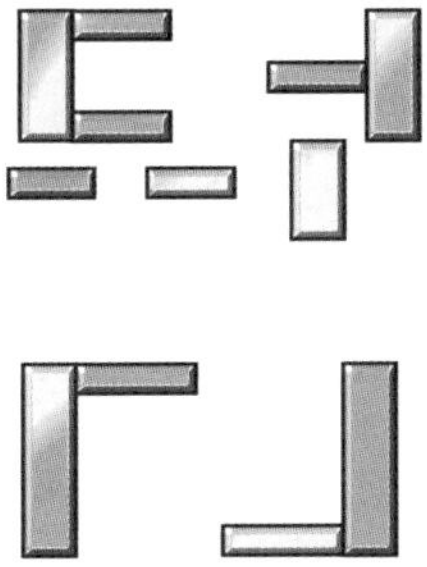

家族《かぞく》で
ちょうせん！

ウルトラゆうしゃもんだい

ゴールドマンの　さいしゅうしれん！
こんどは、三文字《さんもじ》の　かん字《じ》を　つかった　ことばを
ばらばらにして、ブロックを　なげてきました！
ブロックを　組《く》み合《あ》わせ、
元《もと》の　ことばを　□に　書《か》きましょう。

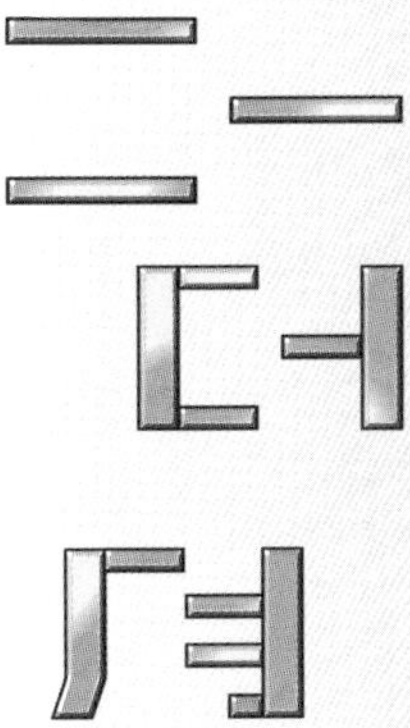

クリア！

かん字《じ》のチカラを　しめした！
なんと　ゴールドマンが
なかまになった！

地図《ちず》の31に
このシールを
はろう！

ゴゴゴ、ゆうしゃよ、
チカラを　かそう……。

七体《ななたい》の　モンスターが
なかまに　なったわ！

クリアした日《ひ》　　月《がつ》　　日《にち》

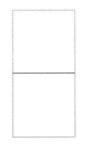

32

書《か》き取《と》りの問題《もんだい》

パワーアップの しゅぎょう

オンクーンのぬま地《ち》

ゴールドマン

ここには ひっさつわざ
グランドクロスが
ふういんされている。
おぼえて いくがいい……。

古《いにしえ》のゆうしゃが のこした
チカラは、なんと ひっさつわざ
グランドクロスだった！

グランドクロスは、いのりを こめて
十字《じゅうじ》を きることで、キミたちの
かん字《じ》のチカラを はなつ ひっさつわざだ！

グランドクロスを つかえば、
きっと りゅうおうを たおせるはずです。
オンクンのどうくつで しゅぎょうして、
グランドクロスを みにつけましょう。

グランドクロスは、
十字《じゅうじ》の 形《かたち》に かん字《じ》を 書《か》くことで はなたれます。
しゅぎょうでは、五《いつ》つの かん字《じ》を つかいます。
十字《じゅうじ》の まん中《なか》に かん字《じ》を 書《か》いて、
グランドクロスを はなちましょう。

上下左右《じょうげさゆう》の かん字《じ》と
つながるのは 何《なに》か……。
それぞれ 二文字《にもじ》の
ことばに なるように、
グランドクロスの まん中《なか》に
かん字《じ》を 書《か》くのだ……！

れい

まん中《なか》に 「花《はな》」と 書《か》くと
四《よっ》つの ことばになります。

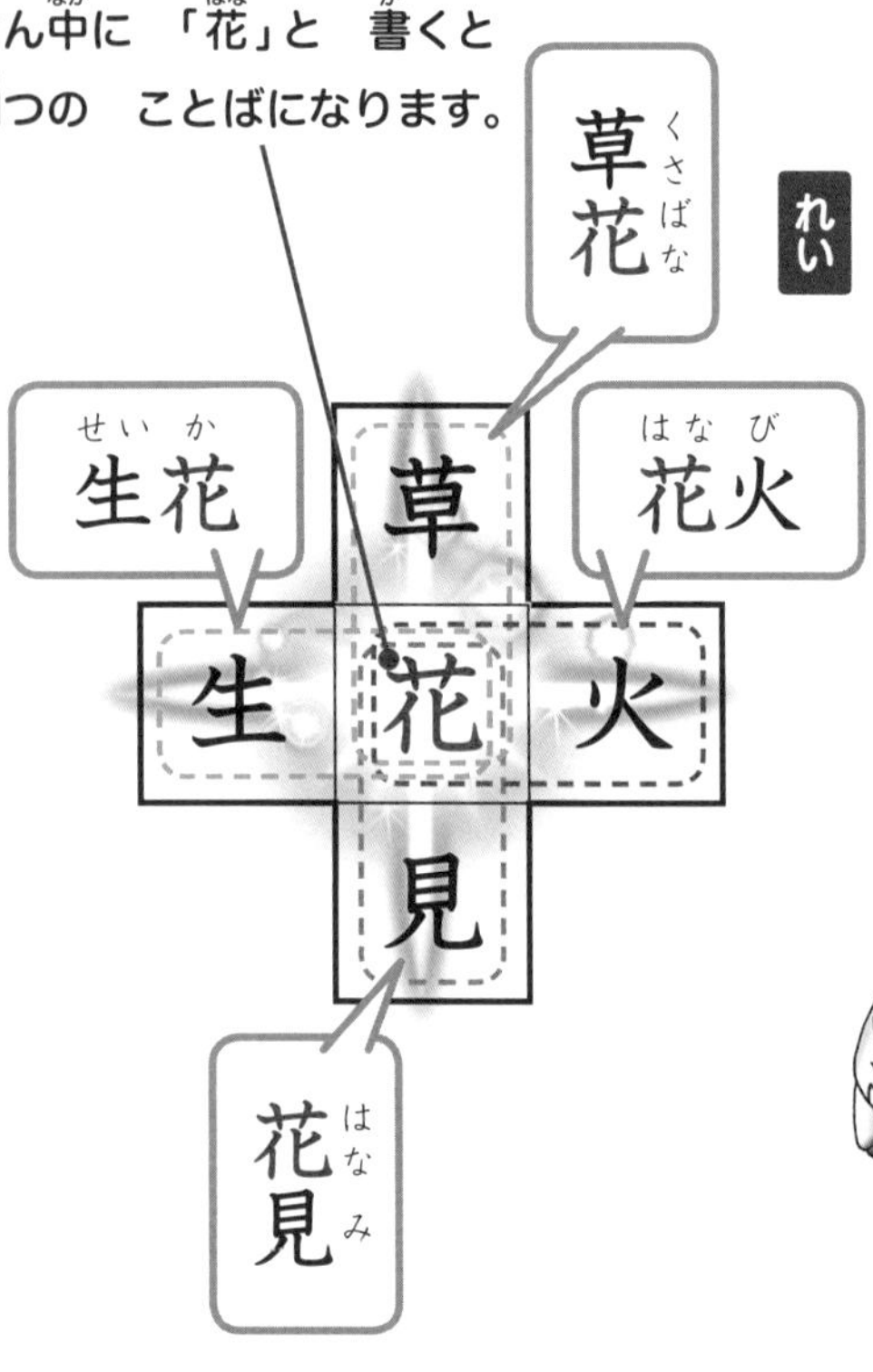

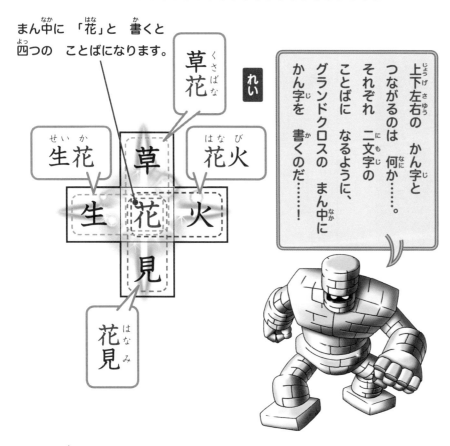

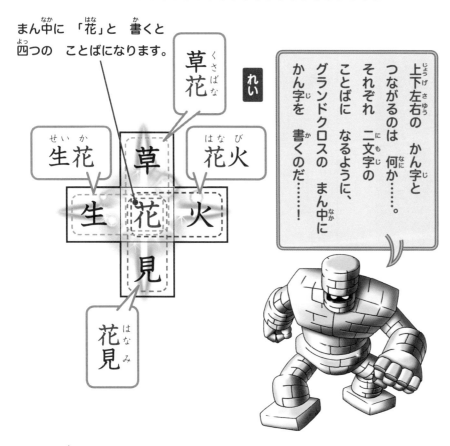

ヒント

雨《あま》
下《げ》　　田《でん》
玉《たま》

四《よっ》つの　ことばにして
考《かんが》えてみよう！

雨《あま》□　□玉《たま》
下《げ》□　□田《でん》

一文字目《ひともじめ》の　かん字《じ》が
わかっているほうから
考《かんが》えると　いいよ！

グランドクロス　一回目《いっかいめ》

雨《あま》
下《げ》　　田《でん》
玉《たま》

グランドクロス　二回目《にかいめ》

下《した》
月《つき》　　学《がく》
本《ほん》

グランドクロス　三回目《さんかいめ》

花《はな》
出《しゅつ》　　力《りょく》
山《ざん》

グランドクロス　四回目《よんかいめ》

五《ご》
人《ひと》　　玉《だま》
先《さき》

とても　強《つよ》い
わざだけど……

本気《ほんき》で　つかえるのは
一回《いっかい》だけかも……

クリア！

ひっさつわざ
グランドクロスを
みにつけた！

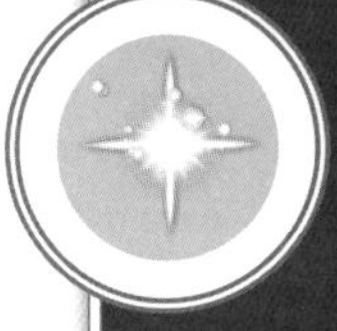

地図《ちず》の32に
このシールを
はろう！

クリアした日《ひ》　　月《がつ》　　日《にち》

家族《かぞく》で
ちょうせん！

ウルトラゆうしゃもんだい

しゅぎょうの　しあげを
しましょう！
読《よ》み方《かた》の　わからない
かん字《じ》で　できた
十字《じゅうじ》の　まん中《なか》に
かん字《じ》を　書《か》いて
グランドクロスを
はなちましょう。

口
目　　月
手

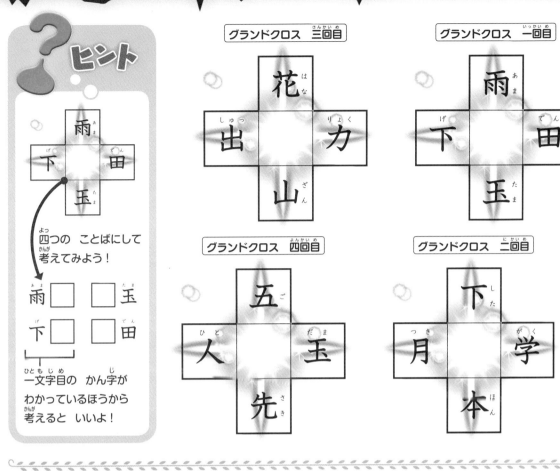

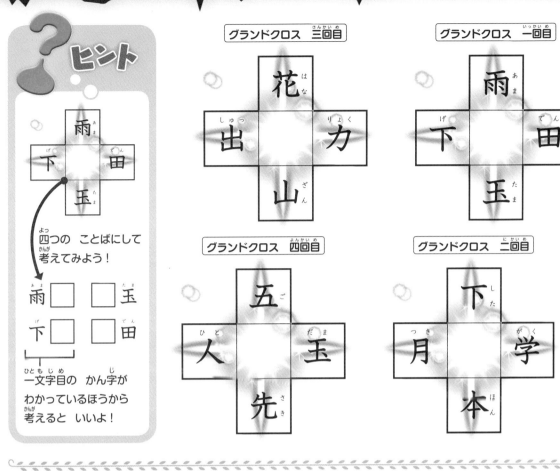

33

書《か》き取《と》りの問題《もんだい》

大《たい》りくの　はしを　目《め》ざそう

オンクーンみさき

はてなスライム

なかまも　そろったし、
あとは　りゅうおうのしろへ
行《い》くだけだね！　あれ、あの
ぎん色《いろ》の　モンスターは……？

グランドクロスを　みにつけた
キミたちは、オンクーンみさきを
目《め》ざして　たびを　しています。

とつぜん　キミたちの　前《まえ》に、
ぎん色《いろ》に　かがやく　メタルボディの
モンスターが　あらわれました！

メタルボディの　モンスターを　たおすと、
たくさんの　けいけんちが　手《て》に入《はい》ります。
にがさないように　気《き》をつけて
メタルボディの　モンスターを　たおしましょう。

メタルボディの　モンスターは　にげ足《あし》が　早《はや》く、
すぐに　にげ出《だ》して　しまいます。
□から　かん字《じ》を　一回《いっかい》だけ　えらんで
□に　書《か》き、とじこめて、たおしましょう。

休　学　早
上　見　正

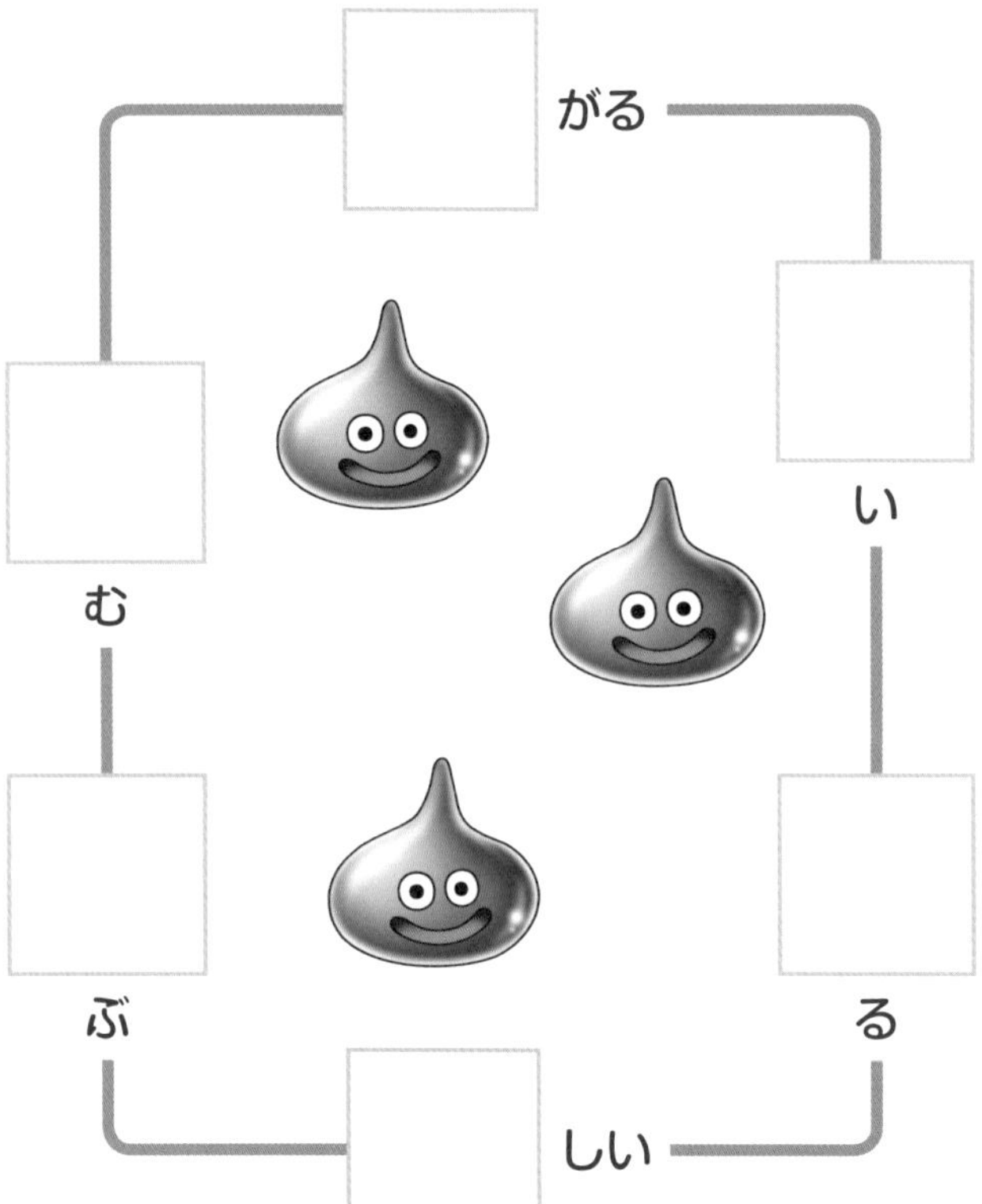

はぐれメタルは、かん字《じ》を　つかった
二文字《にもじ》の　ことばを　作《つく》れば
とじこめられるぜ〜！

下字森名林男天女

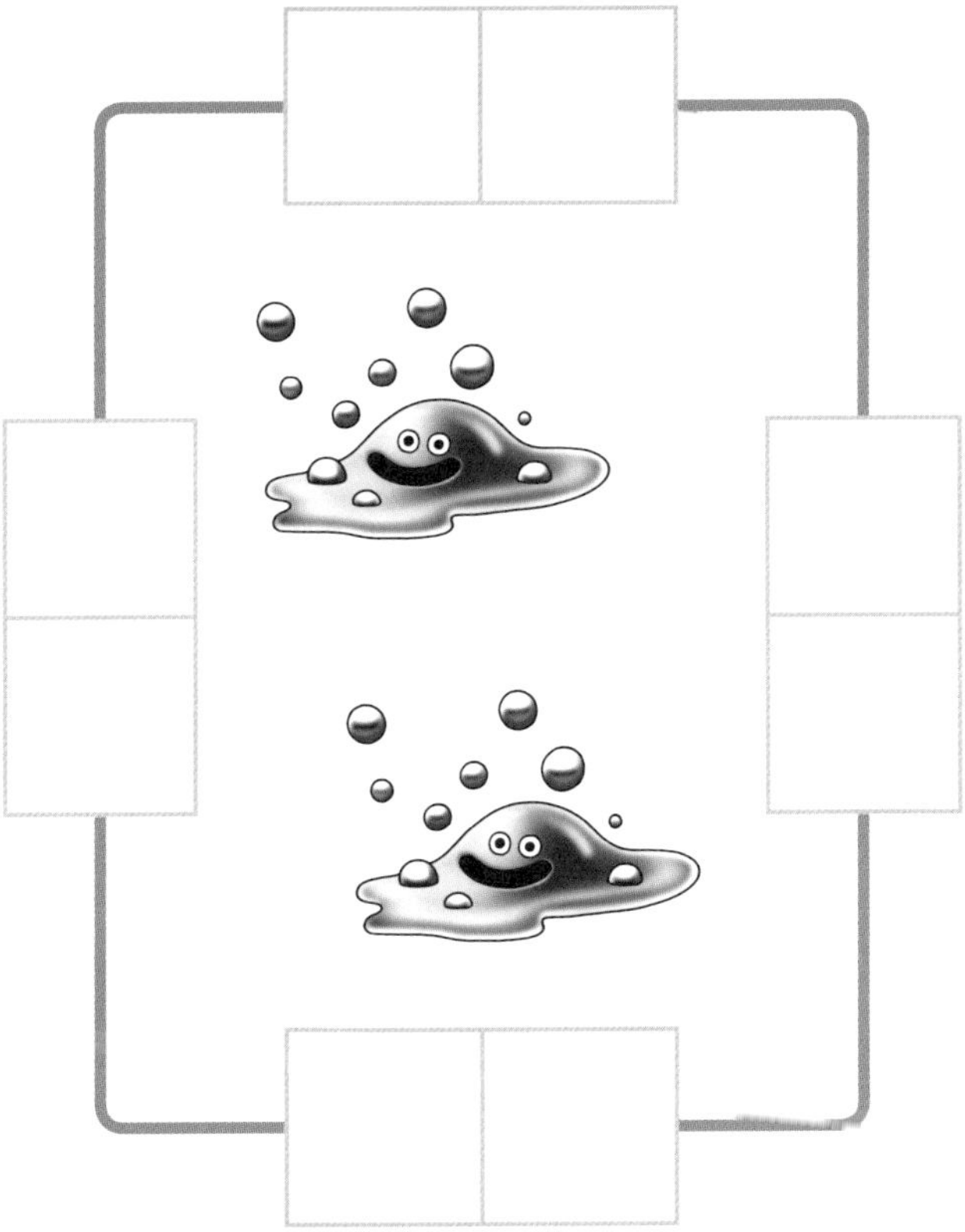

月車三
人力日

メタルキングは、
かん字《じ》を　つかった
三文字《さんもじ》の　ことばを　作《つく》って
とじこめるんだ。むーん。

クリア！

メタルボディの
モンスターたちを
やっつけた！

地図《ちず》の㉝に
このシールを
はろう！

クリアした日《ひ》　月《がつ》　日《にち》

また少《すこ》し　強《つよ》く
なったかな？

あ！　りゅうおうの
しまが　見《み》えてきたよ！

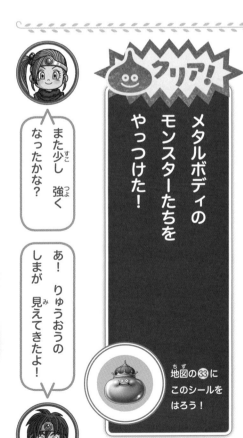

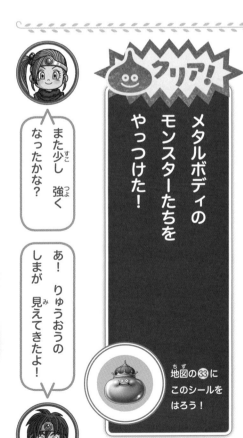

書《か》き取《と》りの問題《もんだい》

34

にじのはしを かけよう！

オンクーンみさき

はてなスライム

ここから りゅうおうの しまに わたる にじの はしを かけるんだね。みんな 力《ちから》を あわせよう！

キミたちは オンクーンみさきに たどりつきました。ここで キミたちの かん字《じ》のチカラと なかまモンスターの 力《ちから》が 合《あ》わさると りゅうおうの しままでの にじのはしが かかります。

❶〜❺の もんだいに 合《あ》う かん字《じ》を 下《した》の ❶〜❺の □に 書《か》いて、りゅうおうの しまへ わたりましょう。

❶

一《いち》から 七《なな》までの 数字《すうじ》を 数《かず》が 大《おお》きいほうから じゅんに 書《か》こう！

❶

❷

❸

❷
「か」「き」「く」「け」「こ」「が」「ぎ」「ぐ」「げ」「ご」から　読《よ》みはじめる
かん字《じ》を　□に
七《なな》つ　書《か》くのだ……。

❸
しぜんに　かんけいの
ある　かん字《じ》を
□に　七《なな》つ　書《か》くと
よいぞい。

❹
ヒヒヒ、
大《おお》きさや　むきを
あらわす　かん字《じ》を
□に　七《なな》つ　書《か》くんだぜ！

❺
よう日《び》を　あらわす
かん字《じ》を、月《げつ》よう日《び》から
じゅん番《ばん》に　□に
書《か》くと　いい。

4

5

りゅうおうの
しまに　ついたよ！

クリア！

にじのはしを　わたった！
とちゅうで　ちいさなメダルを
一《いち》まい　ひろった！

地図《ちず》の㉞に
このシールを
はろう！

気《き》を　ひきしめて
いきましょう！

クリアした日《ひ》　月《がつ》　日《にち》

35

読《よ》みの問題《もんだい》

りゅうおうじょうへの　道《みち》

りゅうおうのしま

はてなスライム

りゅうおうの　しまは
くらくて　なにも
見《み》えないね。おしろは
どっちなんだろう？

キミたちは　ついに　りゅうおうの　しまに
たどりつきました。
　この　しまの　どこかに
りゅうおうじょうが　あるはずです。
しかし、あたりは　やみに　つつまれていて
何《なに》も　見《み》えません。

　りゅうおうじょうへの　道《みち》は、
ゆうしゃのチカラが　教《おし》えてくれます。
キミたちの　かん字《じ》のチカラを　つかって、
ゆうしゃのチカラが　しめす　道《みち》を　たどり、
りゅうおうじょうへ　行《い》きましょう。

りゅうおうじょうへの　道《みち》は、
五《いつ》つの　かん字《じ》の　読《よ》み方《かた》を　さがして
ひらがなに　□を　つけると　うかび上《あ》がります。
正《ただ》しい　道《みち》を　見《み》つけて　すすみましょう。

読《よ》み方《かた》が　つながって
道《みち》に　なるんだね！

車

月

犬

力

耳

「車《くるま》」の　読《よ》み方《かた》は
ここに　あるね！

スタート

あ	め	ま	る	く
し	い	み	ろ	ち
ろ	と	み	つ	く
は	つ	ね	き	さ
い	ら	か	ち	き
ぬ	き	さ	ん	ぶ

ゴール

こんどは　ことばの　読《よ》み方《かた》を
さがして　[ ]を　つけて
道《みち》を　見《み》つけるんだ。むーん。

森林
本気
青空
先生
糸車

スタート

し	や	は	し	き	ん	ほ
も	り	あ	ん	み	り	ん
く	ほ	か	り	ん	い	と
る	ん	お	あ	ま	る	ぐ
ま	お	あ	い	せ	い	ろ
ら	ぞ	き	せ	ん	み	が

ゴール

家族《かぞく》でちょうせん!

ウルトラゆうしゃもんだい

りゅうおうじょうの
とびらは、かん字《じ》で
かぎが　かかっていました。
下《した》の　中《なか》から　ひらがな
三文字《さんもじ》の　ことばを　四《よっ》つ
見《み》つけて　○を　つけましょう。

すべての　ことばに　○を
つけると　とびらの　かぎと
なる　かん字《じ》が　見《み》つかります。

は	て	ま	げ	れ
な	ば	ほ	の	ち
か	ぬ	う	も	か
ま	か	ん	じ	ら

クリア!

りゅうおうの　しまを　すすんだ!
とちゅうで　ちいさなメダルを
一《いち》まい　手《て》に入《い》れた!

地図《ちず》の35に
このシールを
はろう!

クリアした日《ひ》　月《がつ》　日《にち》

りゅうおうじょうが
見《み》えてきたよ!

さあ、いよいよ
のりこむわよ!

書《か》き取《と》りの問題《もんだい》

36

強《きょう》てきたちとの たたかい！

りゅうおうじょう

はてなスライム

おしろの中《なか》は とても しずかだね。このまま りゅうおうの ところに 行《い》けるのかな？

りゅうおうじょうの とびらを あけて、ついに しろの 中《なか》に 入《はい》った キミたち。しろの 中《なか》は しずまりかえり、もの音《おと》一《ひと》つしません。

とびらからは、まっすぐ 一本《いっぽん》の 道《みち》が のびています。このまま まっすぐ 行《い》けば りゅうおうの間《ま》に つくに ちがいありません。

ところが……

おしろの ろうかに ついた キミたちに、スターキメラが おそいかかってきました！

1

スターキメラは たくさんの 火の玉《たま》を はき、こうげきしてきました。火《ひ》の玉《たま》の 中《なか》の カタカナを かん字《じ》に 直《なお》せば、火《ひ》の玉《たま》を はねかえせます。はねかえした 火《ひ》の玉《たま》で スターキメラを たおしましょう。

2

おしろの　大広間《おおひろま》に　だいまどうが　あらわれ、
じゅもんを　つぎつぎと　となえた！
じゅもんの　中《なか》の　カタカナを　ならべかえて
できる　ことばを　二文字《にもじ》の　かん字《じ》で　書《か》き、
だいまどうに　はねかえしましょう。

①
②
③
④
⑤
⑥

3

りゅうおうの間《ま》の　前《まえ》で、
あくまのきしが　まちかまえていました！
あくまのきしの　こうげきの　中《なか》の　カタカナを
かん字《じ》に　直《なお》し、こうげきを　はねかえしましょう。

①
②

クリア！

強《きょう》てきたちを
やっつけた！

地図《ちず》の36に
このシールを
はろう！

クリアした日《ひ》　月《がつ》　日《にち》

三体《さんたい》とも
強《つよ》かったわ！

ついに　りゅうおうと
たいけつだ！

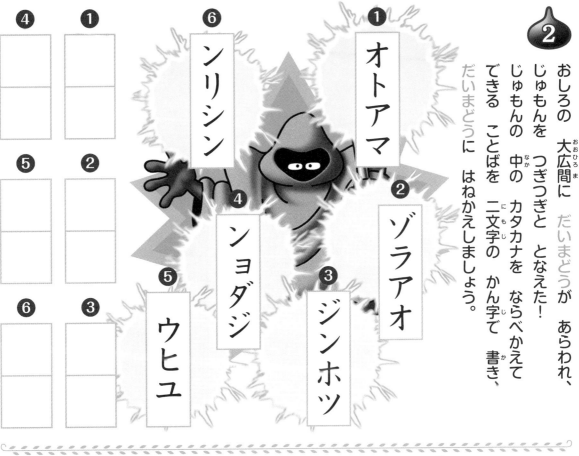

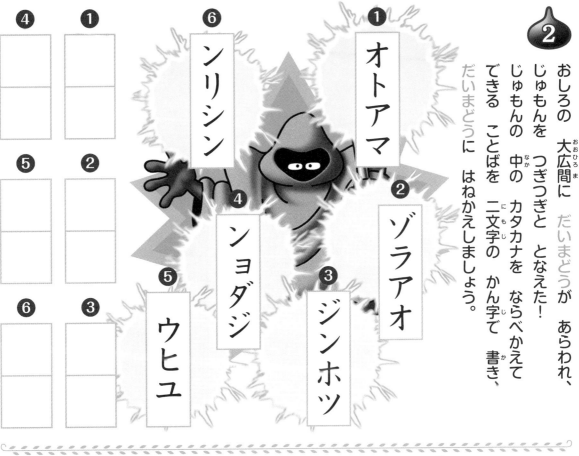

37

書《か》き取《と》りの問題《もんだい》

りゅうおうが あらわれた！

りゅうおうじょう・王《おう》のへや

りゅうおう

よく 来《き》た、かん字《じ》の
チカラを もつ ゆうしゃよ。
わしが 王《おう》の中《なか》の 王《おう》
りゅうおうだ。

りゅうおうが あらわれました。
しずかに ゆうしゃたちに 話《はな》しかけてきます。

わしは まっておった。
そなたのような わかものが
あらわれることを……。
もし わしの みかたになれば、
すべての かん字《じ》の 半分《はんぶん》を
ゆうしゃに やろう。
どうじゃ？
わしの みかたに なるか？

りゅうおうは 半分《はんぶん》ぐらいに なってしまった
かん字《じ》を キミたちに 見《み》せて、
これを やるので みかたに なれと 言《い》ってきました。
もとの かん字《じ》に 直《なお》して、
りゅうおうの さそいを ことわりましょう。

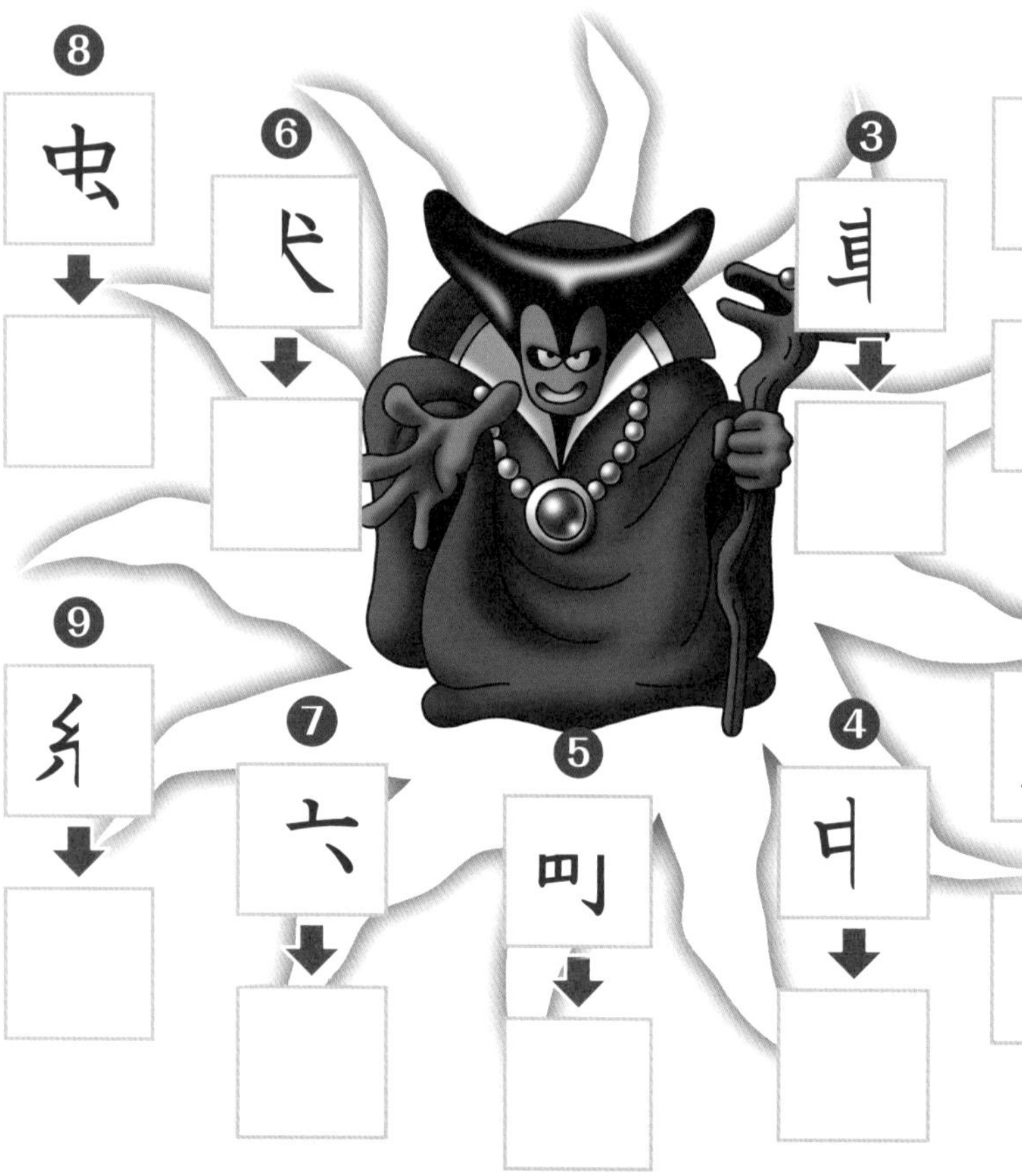

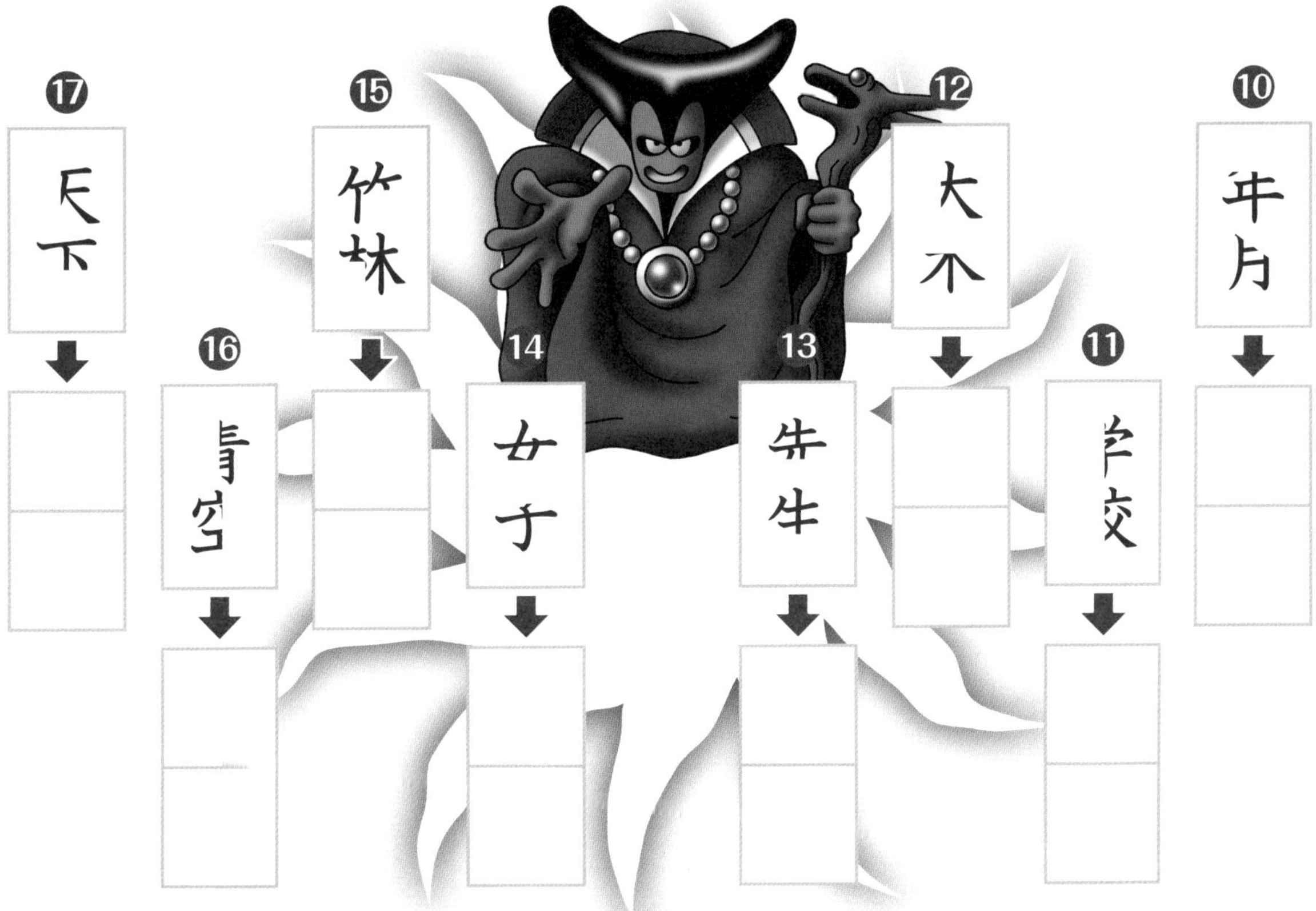

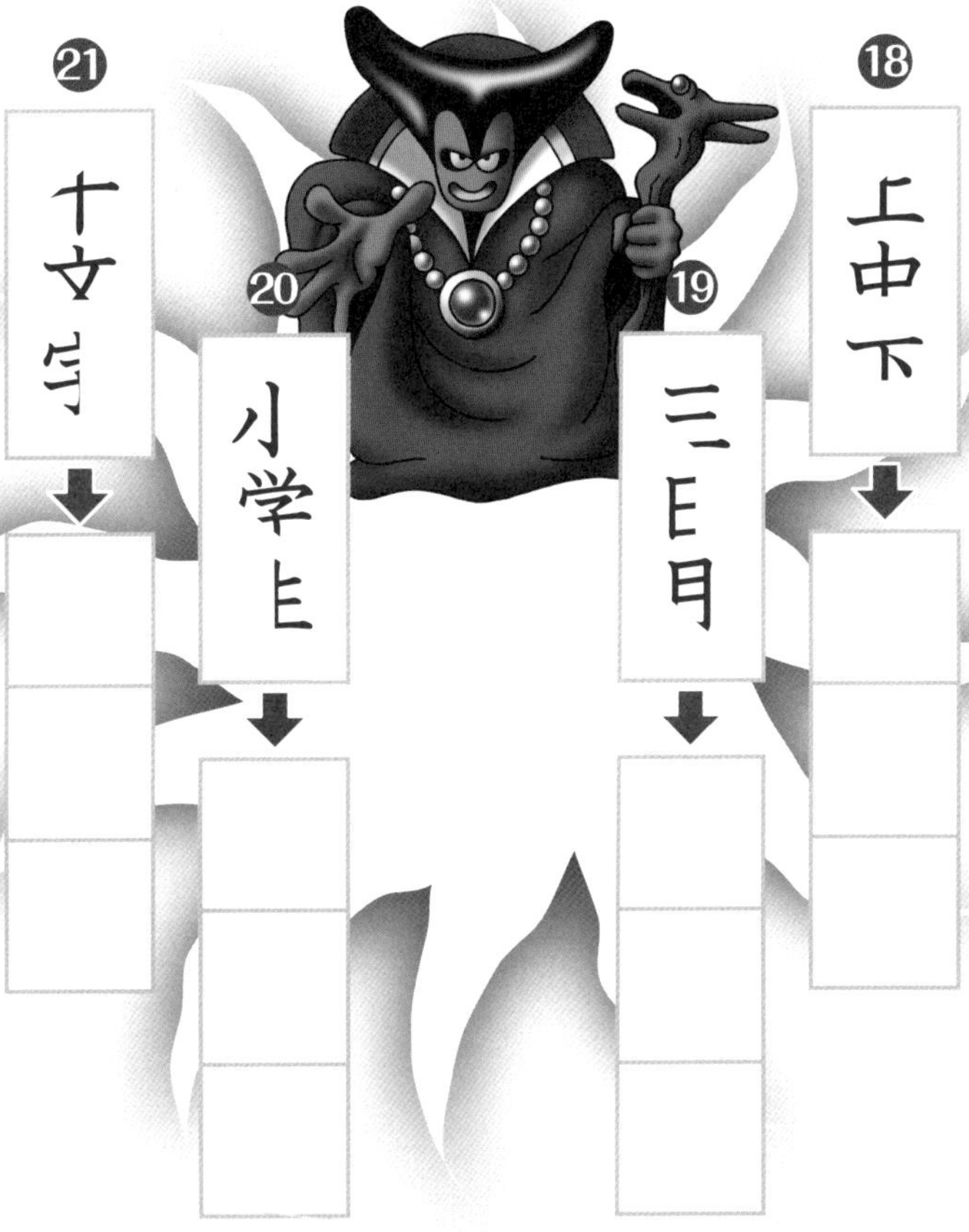

クリア！

りゅうおうの　さそいを
ことわった！

地図《ちず》の37に
このシールを
はろう！

半分《はんぶん》の　かん字《じ》は
いらないよ！

みんなが　こまるし
ぜんぶ　とりもどす！

クリアした日《ひ》　月《がつ》　日《にち》

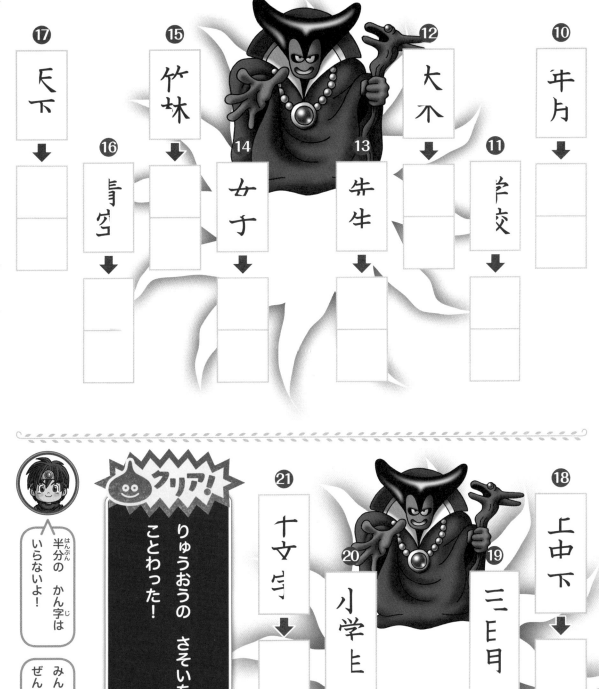

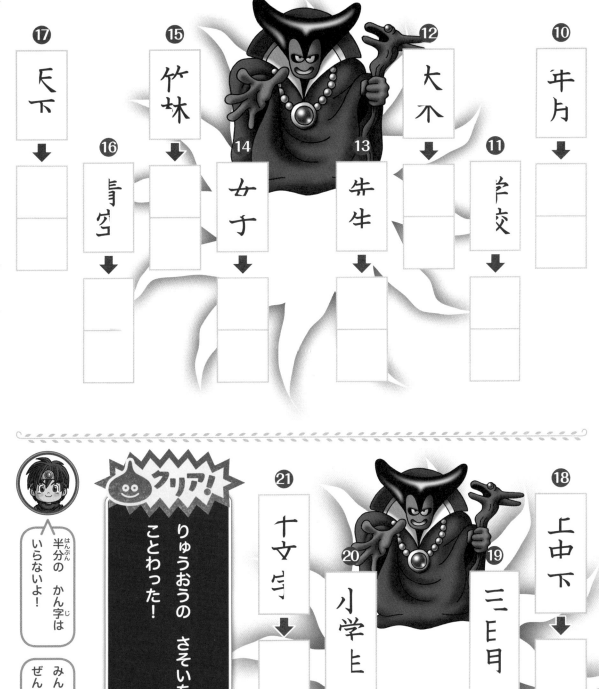

書《か》き取《と》りの問題《もんだい》

38

りゅうおうじょう・王《おう》のへや

りゅうおうが 正体《しょうたい》を あらわした！

りゅうおう

われは…… りゅうの王《おう》。
おまえたちの かん字《じ》の
チカラなど すべて
けちらしてくれるわ！

りゅうおうが 正体《しょうたい》を あらわしました！
その正体《しょうたい》は 大《おお》きな りゅうの すがただったのです。

りゅうおうは はげしい こうげきを
くり出《だ》してきました。
りゅうおうの つめは てつを 引《ひ》きさき、
はく ほのおは 岩《いわ》をも とかします。

なかまモンスターの かん字《じ》の
チカラを かりて、りゅうおうの
こうげきを ふせぎましょう。

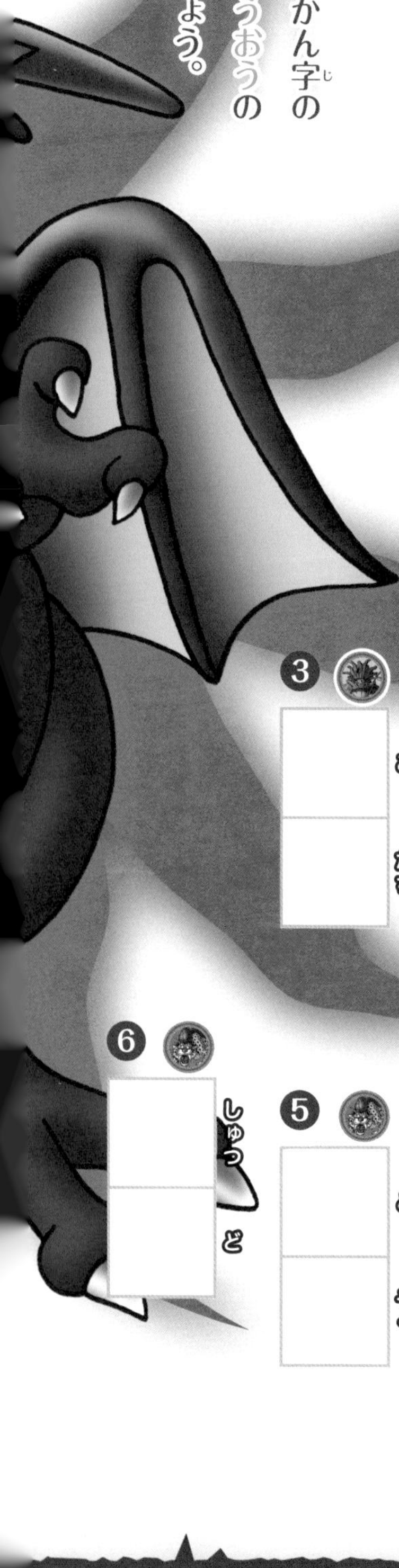

1

りゅうおうの するどい つめの こうげきを、
キラーパンサーの 大地《だいち》の 力《ちから》を かりた
きりかぶこぞうが
木《き》を 生《は》やして ふせぎます！
□に かん字《じ》を 書《か》いて、
木《き》の かべを かんせいさせましょう。

1. □《くさ》□《き》
2. □《たい》□《ぼく》
3. □《こ》□《だち》
4. □《あか》□《つち》
5. □《ど》□《そく》
6. □《しゅっ》□《ど》

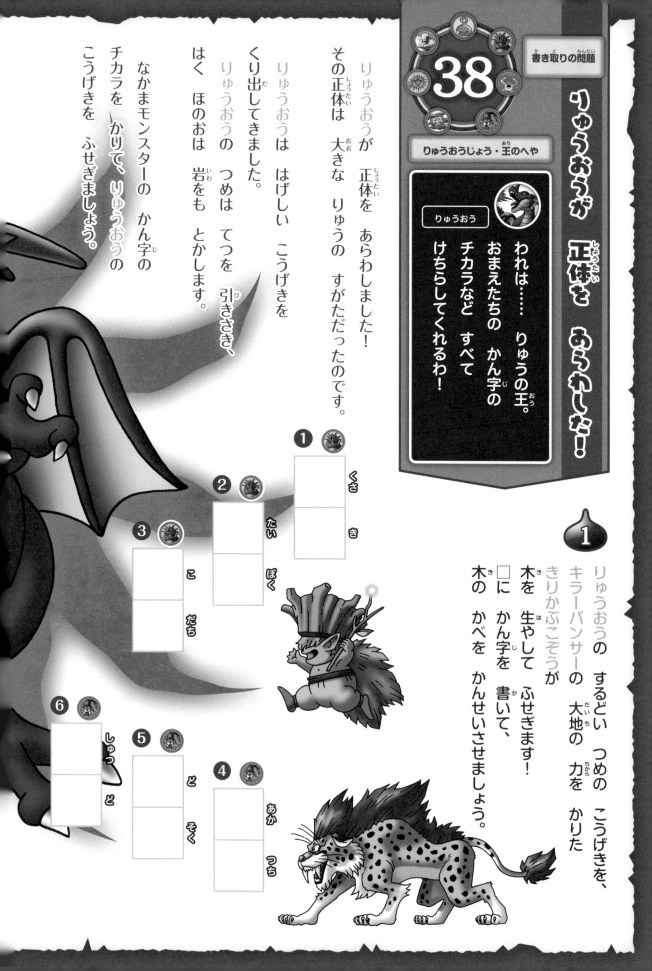

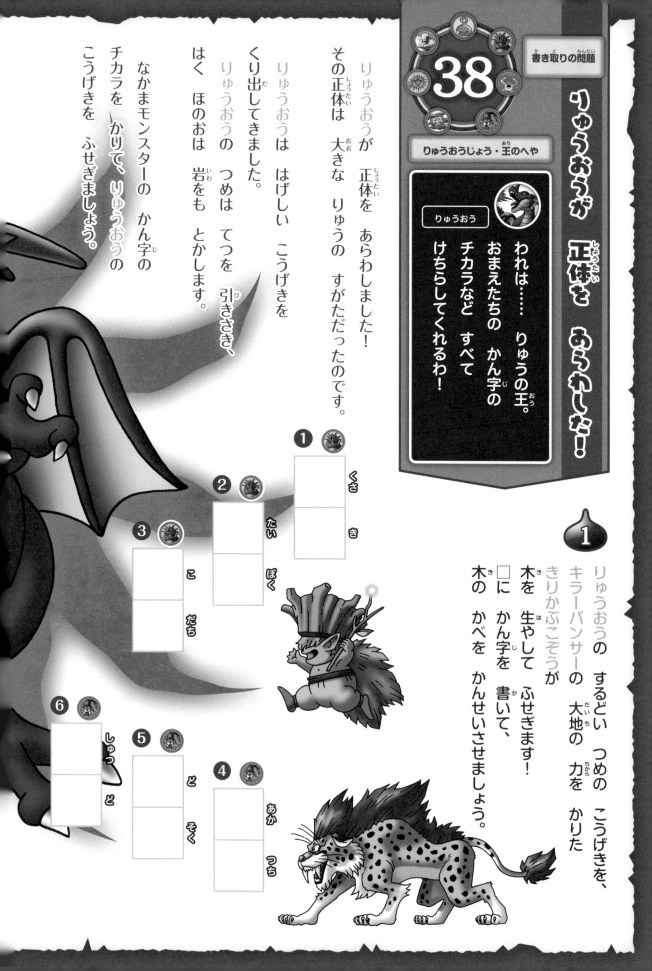

2 りゅうおうは　はげしい　ほのおを　はき、
木《き》の　かべを　もやそうと　しています！
火《ひ》に　強《つよ》い　フレイムと　シャイニングの　力《ちから》で　ほのおを　弱《よわ》め、
はてなスライムの　水《みず》の　力《ちから》で
ほのおを　ふせぎましょう。

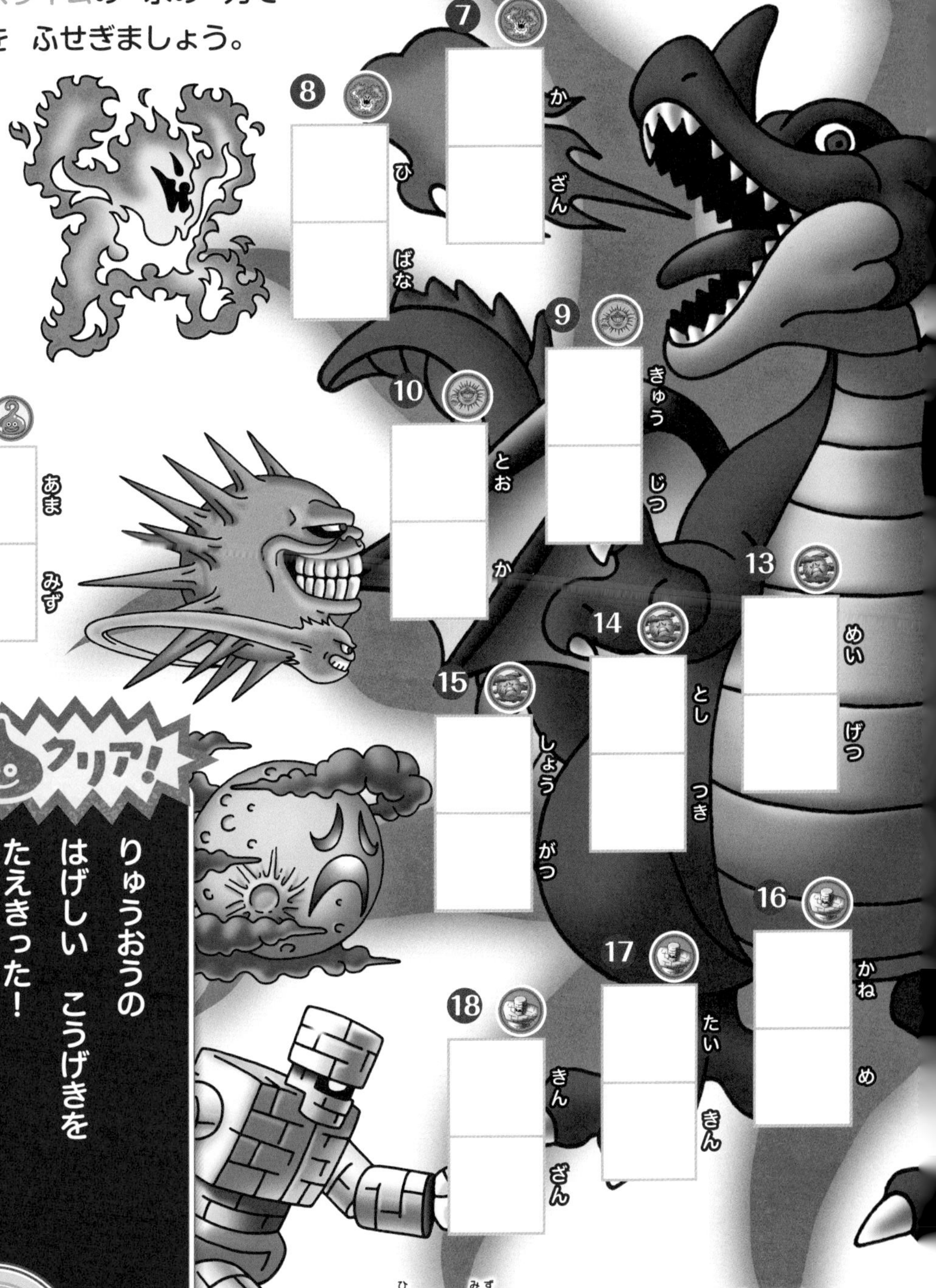

- 7 かざん
- 8 ひばな
- 9 きゅうじつ
- 10 とおか
- 11 あまみず
- 12 すいりょく
- 13 めいげつ
- 14 としつき
- 15 しょうがつ
- 16 かねめ
- 17 たいきん
- 18 きんざん

こうげきを
ふせいだよ！

こんどは　こちらの
こうげきの　番《ばん》よ！

クリア！

りゅうおうの
はげしい　こうげきを
たえきった！

地図《ちず》の㊳に
このシールを
はろう！

クリアした日《ひ》　月《がつ》　日《にち》

3 「火《ひ》も　水《みず》も　かきけして　くれるわ！」
りゅうおうは　大《おお》きな　しっぽを
ふりまわしました。ぼうぎょ力《りょく》の　高《たか》い
なげきムーンと　ゴールドマンの　力《ちから》で
こうげきを　ふせぎましょう。

書《か》き順《じゅん》の問題《もんだい》

39

ゆうしゃと なかまの こうげき

りゅうおうじょう・王《おう》のへや

はてなスライム

りゅうおうの　あつい　ひふに
ふつうの　こうげきは
きかないよ～！　みんなで
いっせいに　こうげきしよう！

かん字《じ》のチカラで　りゅうおうに　九《きゅう》れんげき！
キミたちの　ことばに　合《あ》うように、
りゅうおうの　上《うえ》の　かん字《じ》を
なぞって　こうげきしましょう。

りゅうおうの　はげしい　こうげきを
ふせぎきった　キミたち。
こんどは　キミたちが
りゅうおうに　こうげきする　番《ばん》です！

花左金足
気校虫

クリア!

りゅうおうへの こうげき!
りゅうおうの うごきが
少《すこ》し 止《と》まった!

地図《ちず》の39に
このシールを
はろう!

クリアした日《ひ》　月《がつ》　日《にち》

書《か》き取《と》りの問題《もんだい》

40

りゅうおうとの　けっちゃく！

りゅうおうじょう・王《おう》のへや

ひっさつわざ
グランドクロス!!

なかまモンスターの　ことばを　聞《き》いて、
グランドクロスの　マスの　中《なか》に
それぞれ　ちがう　かん字《じ》を　書《か》きましょう！

古《いにしえ》のゆうしゃから　つたえられた
ひっさつわざ　グランドクロスで
りゅうおうを　たおしましょう！
ありったけの　かん字《じ》のチカラを
十字《じゅうじ》の　いのりの　中《なか》に　こめて、
グランドクロスを　はなちましょう。

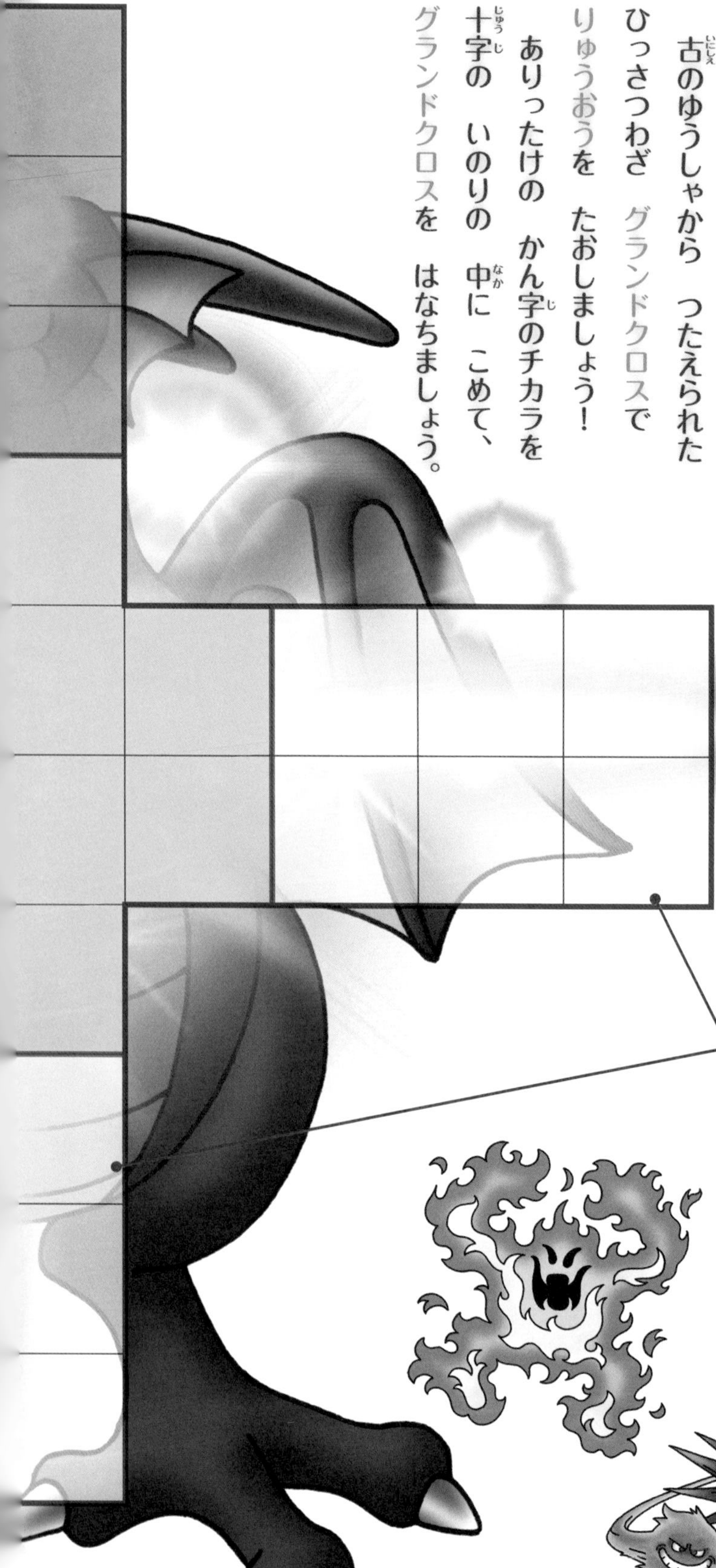

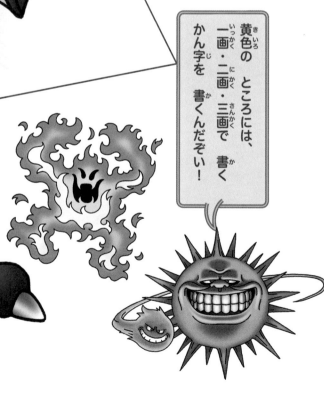

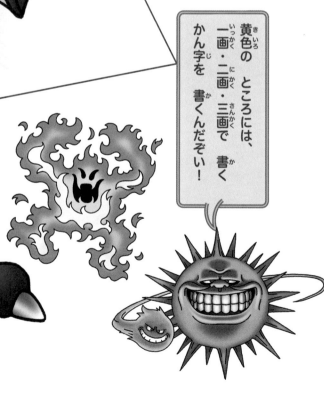

クリア！

りゅうおうを　やっつけた！
かん字《じ》の　ゆうしゃのしるしを
手《て》に入《い》れた！

地図《ちず》の40に
このシールを
はろう！

クリアした日《ひ》　　月《がつ》　　日《にち》

ついに　りゅうおうを　やっつけたよ！　みんなの　きずなと　ゆうきと、
かん字《じ》のチカラで　世界《せかい》に　平和《へいわ》が　おとずれるよ！　ありがとう！

ゆうしゃたちは　りゅうおうを　たおしました！
あばれていた　モンスターたちは、森《もり》や　山《やま》や　海《うみ》に
しずかに　かえって　行《い》きました。

すべての　かん字《じ》が　元《もと》に　もどり、
世界《せかい》に　平和《へいわ》が　おとずれたのです……！

カキジューンのしろで　王《おう》さまは　たずねました。
「そなたたちが　新《あら》たな“かん字《じ》”のゆうしゃ　だったのだな。
これからも　たびを　つづけるのか？」

ゆうしゃたちは　言《い》いました。
「わたしたちは　今回《こんかい》の　たびで　たのもしい
なかまたちと、さまざまな　かん字《じ》に　出会《であ》いました。」
「そして　これからも　ぼうけんを　つづけて、たくさんの
新《あたら》しい　かん字《じ》と　なかまたちに　出会《であ》いたいのです！」

ゆうしゃと　なかまたちは　つぎの　ぼうけんへと　たび立《だ》ちました。
新《あたら》しい　かん字《じ》と、なかまたちに　出会《であ》う　ぼうけんは、
これからも　つづいていくでしょう！

ドラゴンクエストⅦ ゆうしゃドリル

答《こた》えのページ

- 問題《もんだい》の番号《ばんごう》の順番《じゅんばん》に、答《こた》えがならんでいます。ご家族《かぞく》でいっしょに、答《こた》え合《あ》わせをしていきましょう！
- 問題《もんだい》の答《こた》えは赤《あか》い文字《もじ》や○で書《か》いています。
- 「ウルトラゆうしゃもんだい」など、ちょっとむずかしい問題《もんだい》については、【かいせつ】をしています。

---

1 スライムたちが あばれだした！

七	口	王	左	名

（❶のページの書《か》き順通《じゅんどお》りに書《か》けていれば正解《せいかい》）

2 王《おう》さまに ほうこくへ 行《い》こう！

❶

今《いま》、ドリルカルドの かく地《ち》で、

モンスターが あばれて、~~大~~《ひと》びとを（人）

こまらせています！

王《おう》さま ~~王~~《おう》子《じ》さま（王）、~~王~~《おう》女《じょ》さま（王）、~~大~~《だい》じん（大）、

どうか げんいんを さぐってください！

❷

王	王	王	王	王
天	天	天		

（ほかの漢字《かんじ》でも正《ただ》しく書《か》けていれば正解《せいかい》）

ウルトラゆうしゃもんだい

二日…ふつか　八日…ようか

九日…ここのか　二十日…はつか

---

3 げんいんちょうさの たびへ！

❶

「田《た》」の字《じ》

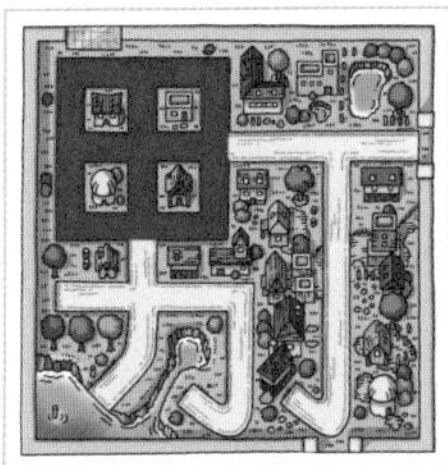

「男《おとこ》」の字《じ》

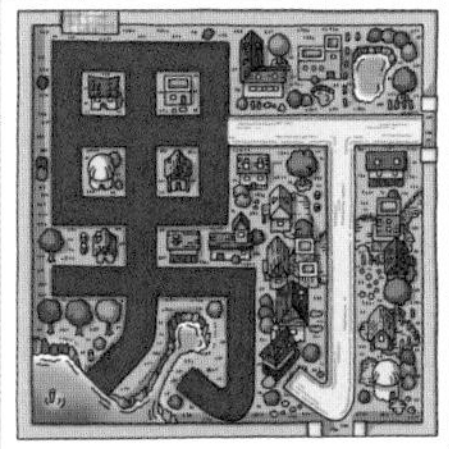

「力《ちから》」の字《じ》

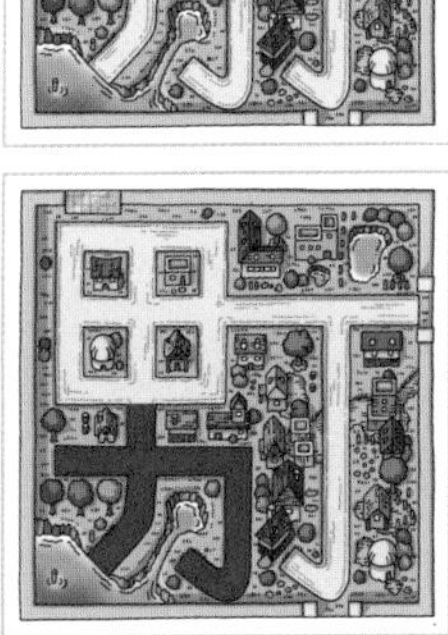

「町《まち》」の字《じ》

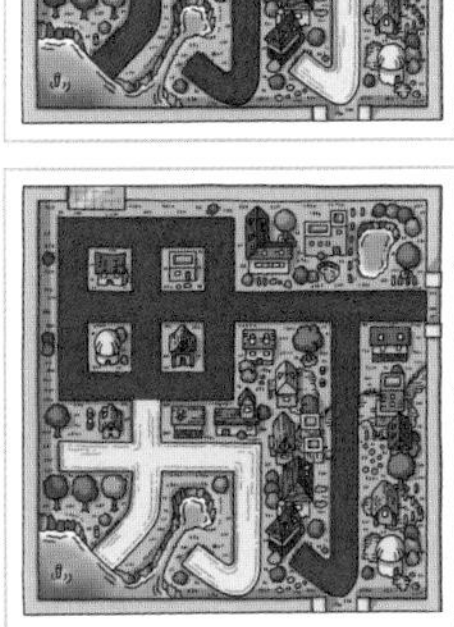

❷

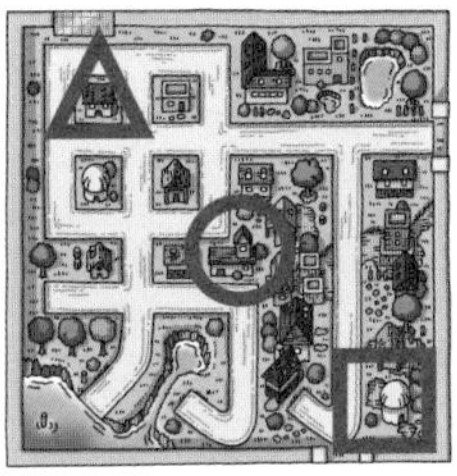

ウルトラゆうしゃもんだい

❶ 町　❷ 田　❸ 男　❹ 力

4 町《まち》から かん字《じ》が きえている!?

1
ひのきのぼう
(ご　　　　　)ゴールド
こんぼう
(さんじゅう　)ゴールド
どうのつるぎ
(にひゃくななじゅう)ゴールド
はがねのつるぎ
(せん　　　　)ゴールド
かわのたて
(はちじゅう　)ゴールド

2
八　ゴールド
千　ゴールド
百　ゴールド

3

上《うえ》
右《みぎ》
左《ひだり》
中《なか》
下《した》
入《いり》口《ぐち》

5 きえた かん字《じ》は どこに?

空《そら》
山《やま》
田《た》んぼ
土《つち》
虫《むし》
花《はな》

雨《あめ》
川《かわ》
石《いし》
夕《ゆう》がた
森《もり》
草《くさ》
白《しろ》色《いろ》
青《あお》色《いろ》

ウルトラゆうしゃもんだい
❶花
❷川
❸石
❹白
❺虫

6 草原《そうげん》を ぬけて つぎの 町《まち》へ

(四文字《よんもじ》)
左 犬 糸
正《ただ》しい かん字《じ》は
犬

(四文字《よんもじ》)
天 年 本
正《ただ》しい かん字《じ》は
天

(五文字《ごもじ》)
女 先 出
正《ただ》しい かん字《じ》は
出

(五文字《ごもじ》)
字 玉 手
正《ただ》しい かん字《じ》は
玉

(六文字《ろくもじ》)
生 耳 赤
正《ただ》しい かん字《じ》は
耳

(七文字《ななもじ》)
金 音 貝
正《ただ》しい かん字《じ》は
貝

(七文字《ななもじ》)
車 林 竹
正《ただ》しい かん字《じ》は
車

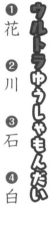

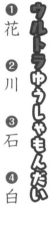

7 あやしいかげが あらわれた!

1

生	大	立
早	年	気

2

あやしいかげは、しずかに 近《ちか》づいてくる。
かげが 出（で）てくるのに
気（き）がついたら、ふりむこう。
四（よん）体《たい》いるけれど、本（ほん）ものは 一（いっ）体《たい》だけで、
かげの 下（した）の 先（さき）っぽが
右（みぎ）がわに あるんだ。正（しょう）体《たい》を
見（み）ぬいて、こうげきしよう!

3

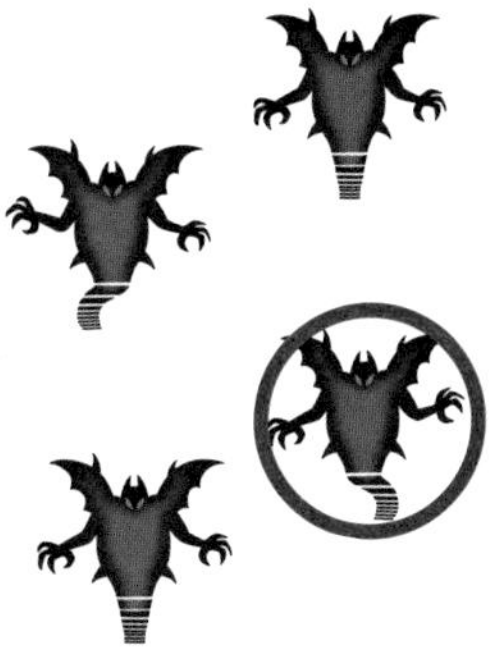

8 新《あら》たな 町《まち》で 話《はなし》を 聞《き》こう!

1

学校《がっこう》に とう校《こう》して
一年生《いちねんせい》で ならう
かん字《じ》で さく文《ぶん》を 書《か》くんだ!

わたしは 音《おん》がくの
先生《せんせい》に 歌《うた》を
ならうの。本《ほん》も
たくさん 読《よ》みたいわ。

2

①（生《い》きるチカラを生《う》むまほう）
②（王《おう》きゅうのせんしたち）
③（木《き》こりのいえ）
④（大《たい》せつなたからもの）
⑤（月《つき》のせかい）
⑥（人《にん》げんになりたいホイミスライム）
⑦（人《ひと》をしんじるこころ）
⑧（水《みず》のはごろものつくりかた）
⑨（名人《めいじん》のつくるかんむり）

9 うわさの とうを 目《め》ざす

ギズモ	くさったしたい	どくやずきん	メラゴースト	バブルスライム	ズッキーニャ
天気《てんき》	学校《がっこう》	四日《よっか》	花火《はなび》	山林《さんりん》	右手《みぎて》
青空《あおぞら》	小川《おがわ》	水車《すいしゃ》	夕日《ゆうひ》	王女《おうじょ》	草花《くさばな》
出口《でぐち》	名人《めいじん》	足音《あしおと》	空中《くうちゅう》	早足《はやあし》	花見《はなみ》

10 とうの さい上《じょう》かいを 目《め》ざそう！

一《いっ》かい 学　二《に》かい 金　三《さん》かい 林

四《よん》かい 雨　五かい 青

11 フレイムとの あつい たたかい！

1

火花（ひばな）

火（ひ）が つく

たき火（び）

つよ火（び）

火（ひ）の ようじん

花火（はなび）

火山（かざん）

2

水中《すいちゅう》めがね

青《あお》い 海《うみ》

川《かわ》で およぐ

雨《あめ》が ふる

雨《あま》水《みず》

小川《おがわ》

水《すい》車《しゃ》

ウルトラゆうしゃもんだい

①かに

②えび

③マントヒヒ

12 ゆうしゃを さがす たびへ

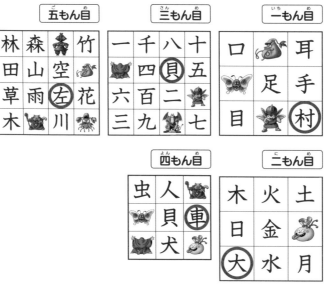

一《いち》もん目《め》

口		耳
	足	手
目		村

二《に》もん目《め》

木	火	土
日	金	
大	水	月

三《さん》もん目《め》

一	千	八	十
	四	貝	五
六	百	二	
三	九		七

四《よん》もん目《め》

虫	人	
	貝	車
	犬	

五《ご》もん目《め》

林	森		竹
田	山	空	
草	雨	左	花
木		川	

ウルトラゆうしゃもんだい

一《いち》もん目《め》

生	正	石
先		青
千	赤	草

二《に》もん目《め》

王	月	円
林		手
火	五	犬

【かいせつ】一《いち》もん目《め》は「体《からだ》の一部《いちぶ》」が仲間《なかま》で、「村《むら》」が仲間《なかま》ではない。二《に》もん目《め》は「よう日《び》」が仲間《なかま》で、「大《だい》」が仲間《なかま》ではない。三《さん》もん目《め》は「数字《すうじ》」が仲間《なかま》で、「貝《かい》」が仲間《なかま》ではない。四《よん》もん目《め》は「生《い》き物《もの》」が仲間《なかま》で、「車《くるま》」が仲間《なかま》ではない。五《ご》もん目《め》は「自然《しぜん》」が仲間《なかま》で、「左《ひだり》」が仲間《なかま》ではない。

ウルトラゆうしゃもんだいの一《いち》もん目《め》は、漢字《かんじ》の読《よ》みが「せ」からはじまる漢字《かんじ》が仲間《なかま》で、「草《くさ》」が仲間《なかま》ではない。二《に》もん目《め》は、「四画《よんかく》のかん字《じ》」が仲間《なかま》で、「林《はやし》」が仲間《なかま》ではない。

13 ジッテンの岩山《いわやま》を すすもう

赤《あか》い○と矢印《やじるし》のしめす線《せん》が正解《せいかい》。

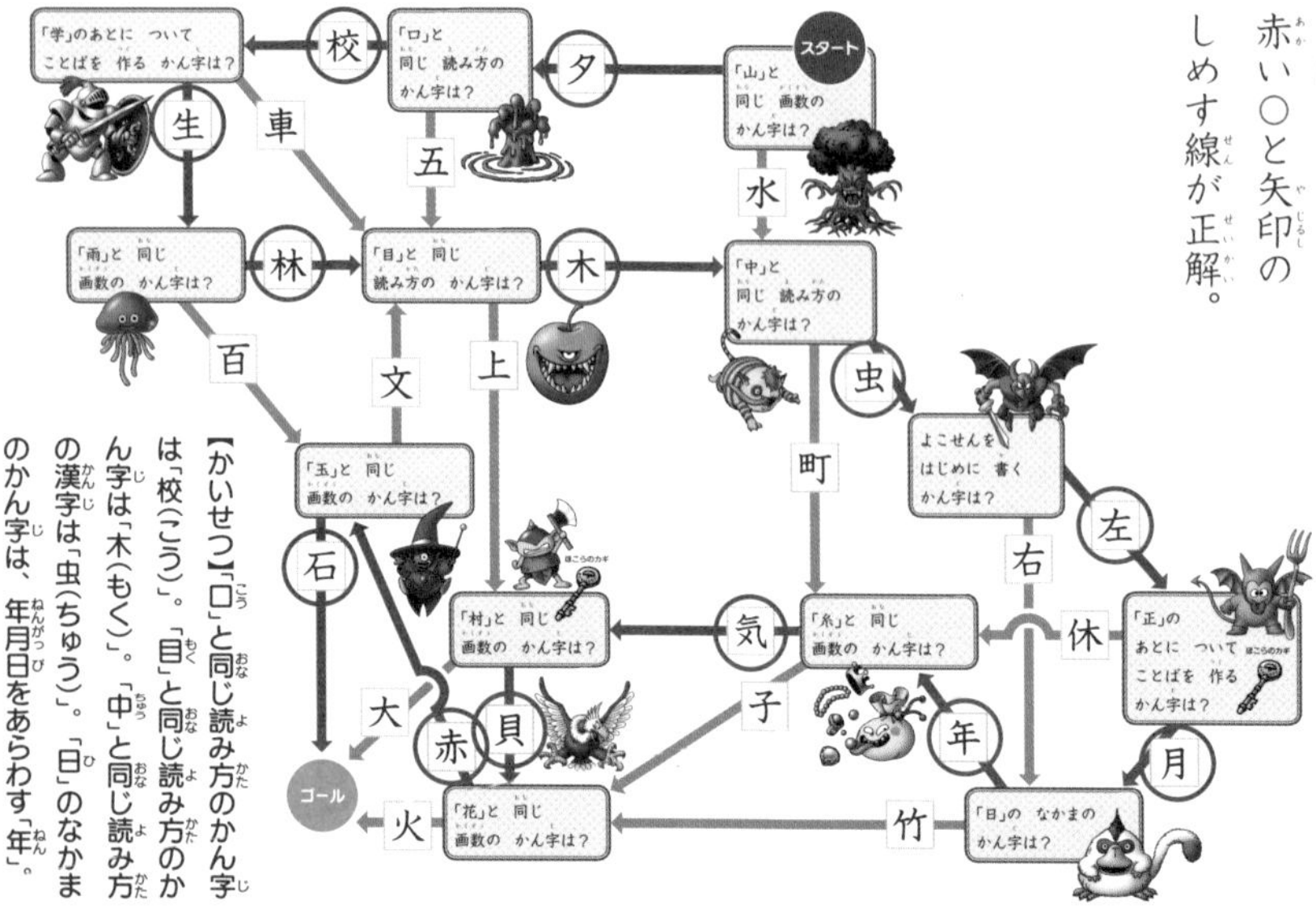

スタート
「山」と 同じ 画数の かん字は？
夕
水
「口」と 同じ 読み方の かん字は？
校
五
「学」のあとに ついて ことばを 作る かん字は？
生
車
「雨」と 同じ 画数の かん字は？
林
百
「目」と 同じ 読み方の かん字は？
木
文
上
「中」と 同じ 読み方の かん字は？
虫
町
「玉」と 同じ 画数の かん字は？
石
よこせんを はじめに 書く かん字は？
左
右
「正」の あとに ついて ことばを 作る かん字は？
ほこらのカギ
休
「糸」と 同じ 画数の かん字は？
気
「村」と 同じ 画数の かん字は？
ほこらのカギ
大
赤
貝
子
年
月
「日」の なかまの かん字は？
竹
「花」と 同じ 画数の かん字は？
火
ゴール

【かいせつ】「口《こう》」と同《おな》じ読《よ》み方《かた》のかん字《じ》は「校（こう）」。「目《もく》」と同《おな》じ読《よ》み方《かた》のかん字《じ》は「木（もく）」。「中《ちゅう》」と同《おな》じ読《よ》み方《かた》の漢字《かんじ》は「虫（ちゅう）」。「日《ひ》」のなかまのかん字《じ》は、年月日《ねんがっぴ》をあらわす「年《ねん》」。

14 キラーパンサーとの たたかい！

①

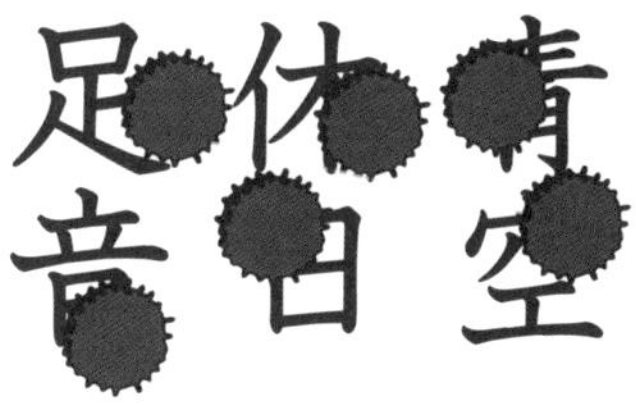

青空　休日　足音

②

男　音　森　糸　気

（5つのうち、どのマスに書《か》いても正解《せいかい》）

15 ジッテンのほこらの しれん

①

（「男《おとこ》」と「女《おんな》」の漢字《かんじ》は、入《はい》る場所《ばしょ》がどちらでも正解《せいかい》）

②

貝	川	玉	百	正
田	円	村	雨	犬
金	入	青	天	小
千	女	音	学	名
口	左	右	本	下

16 ゆうしゃの間《ま》の しれん

①

右　花　夕　糸　校　生

②

りゅうおうを　たおす
ゆうしゃは、男の子と
女の子の　二人。
そう、キミたちだ！

ウルトラゆうしゃもんだい

男または女　自分の名前

（自分《じぶん》の性別《せいべつ》と名前《なまえ》が書《か》けていれば、漢字《かんじ》を使《つか》っていなくても正解《せいかい》）

17 りゅうおうの かげを おって

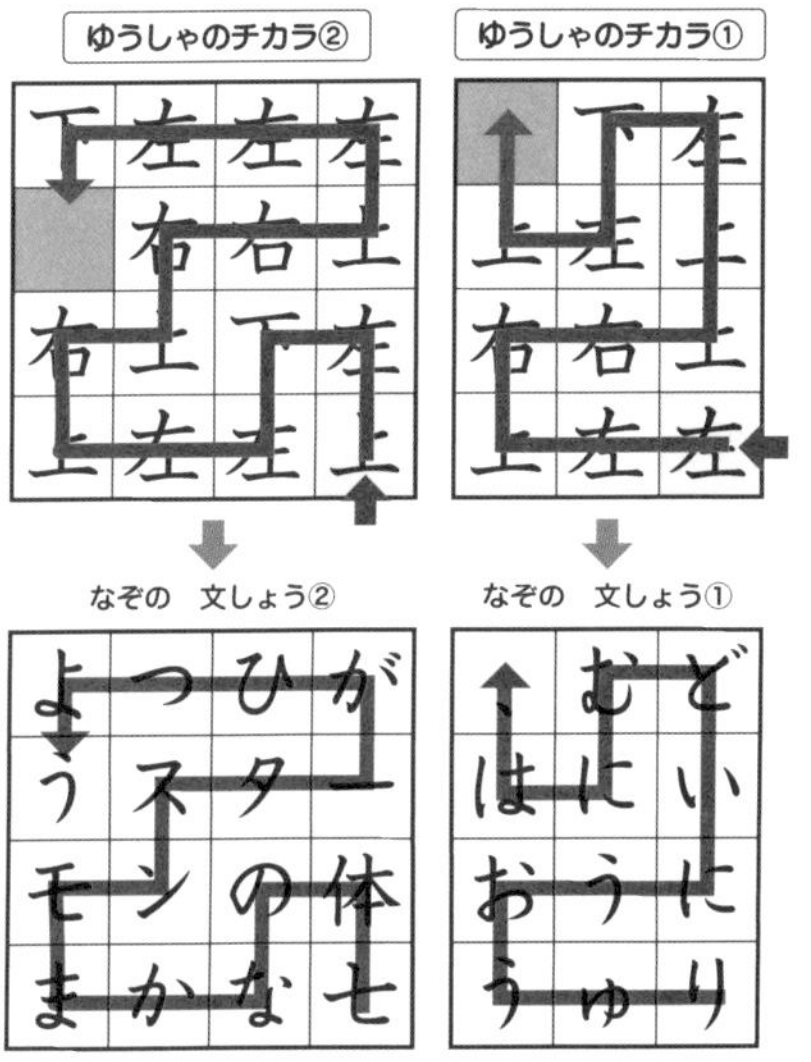

① りゅうおうにいどむには、
② 七体《ななたい》のなかまモンスターがひつよう

18 新《あら》たな なかまを もとめて

スライムナイトの漢字《かんじ》

五円玉《ごえんだま》　一年生《いちねんせい》　七五三《しちごさん》　手玉《てだま》

メタルライダーの漢字《かんじ》

三日月《みかづき》　雨音《あまおと》　出口《でぐち》

小学校《しょうがっこう》　男《おとこ》の子《こ》　王女《おうじょ》

ハートナイトの漢字《かんじ》

千人力《せんにんりき》

19 船《ふな》つき場《ば》の　ある　村《むら》へ

❶ こわれた　かん字《じ》

儿　八

ぶひん

山　白　上　**目**

❶の元《もと》の漢字《かんじ》は見《み》、貝《かい》。

❷ こわれた　かん字《じ》

人　全

ぶひん

一　**丷**　口　丶

❷の元《もと》の漢字《かんじ》は火《ひ》、金《きん》。

❸ こわれた　かん字《じ》

赤　糸　亅

ぶひん

八　一　く　二

❸の元《もと》の漢字《かんじ》は赤《あか》、糸《いと》、小《しょう》。

❹ こわれた　かん字《じ》

丆　十　丿

ぶひん

口　人　**日**　目

❹の元《もと》の漢字《かんじ》は百《ひゃく》、早《そう》、白《しろ》。

❺ こわれた　かん字《じ》

山　龰　夕

ぶひん

土　山　**口**　日

❺の元《もと》の漢字《かんじ》は虫《むし》、足《あし》、名《な》。

ウルトラゆうしゃもんだい

こわれた　かん字《じ》

❶

一コ　号　三

❷

工　人　虫

ぶひん

丶　△一　○ノ　○丨　△丶　二

❶の元《もと》の漢字《かんじ》は石(右)、男、左。

❷は玉、犬、虫。

20 大海原《おおうなばら》へ　こぎ出《だ》そう！

1

スタート

赤	**一**	**上**		**青**
石	タ	**音**	八	**円**
男	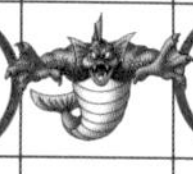	**王**	**糸**	**女**
犬	目	立	本	竹

ゴール

【かいせつ】　○の読《よ》みは、あお、えん、おんな、いと、おう、おと、うえ、いち、あか、いし、おとこ、いぬ。

ウルトラゆうしゃもんだい

2

ヒバナ	火花
チクリン	竹林
ソラミミ	空耳

スタート

	**空**	**雨**
年	**天**	日
生	**小**	名
右	休	五

ゴール

【かいせつ】　○の読《よ》みは、雨天《うてん》の「う」、空《あ》くの「あ」、天《あま》の川《がわ》の「あ」、小川《おがわ》の「お」、生《う》むの「う」、右折《うせつ》の「う」。

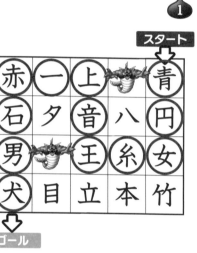

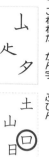

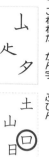

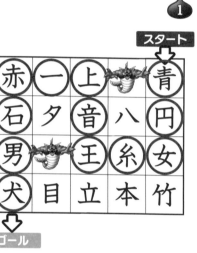

21 なげきムーンを しずめよう！

1

手　六

火　出

九　名

下　立

年　虫

2

六　手→千　口

力　月　中

下　林　石

ウルトラゆうしゃもんだい

学《まな》ぶ　休《やす》む　正《ただ》しい

（どの順番《じゅんばん》に書《か》いても正解《せいかい》）

22 村《むら》で 話《はなし》を 聞《き》こう！

1

先　学　花　六　休　名　町　村

2

❶耳

❷犬

❸虫

❹花

23 ブシュきばくを すすもう！

1

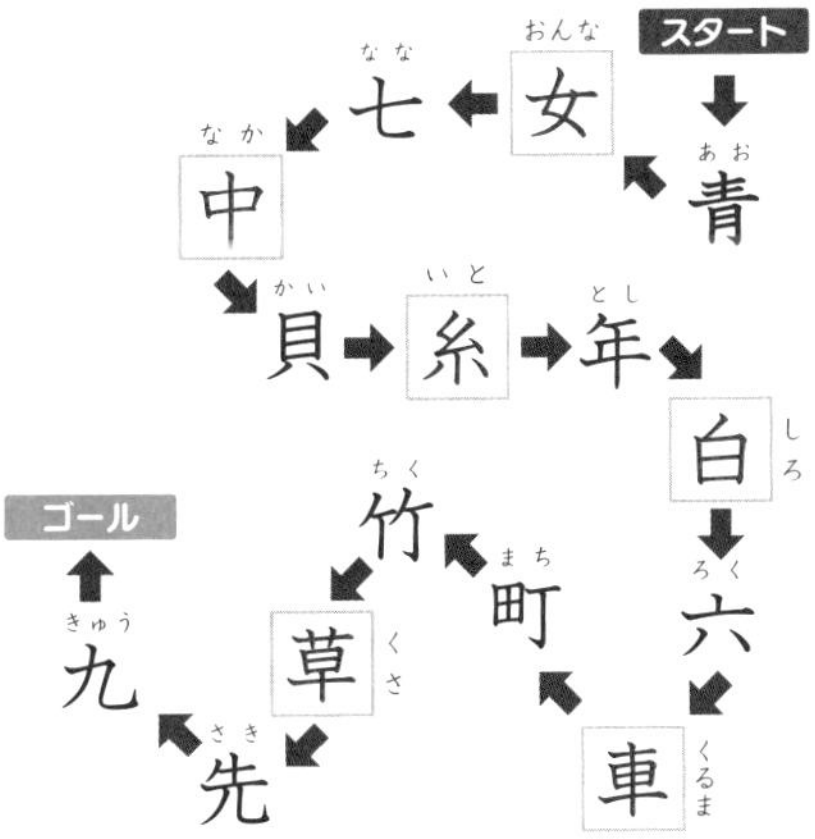

2

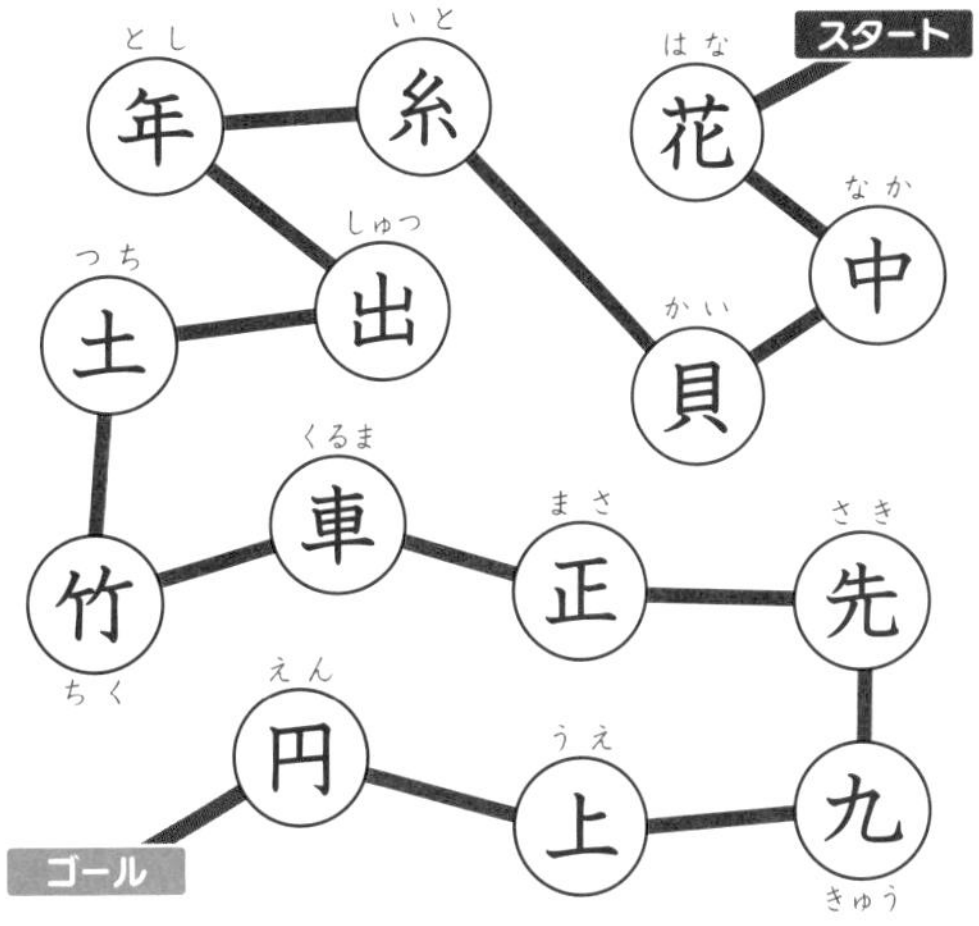

ウルトラゆうしゃもんだい

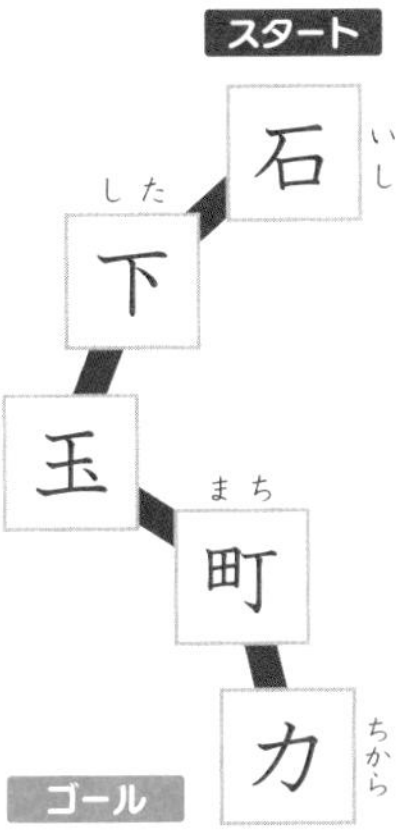

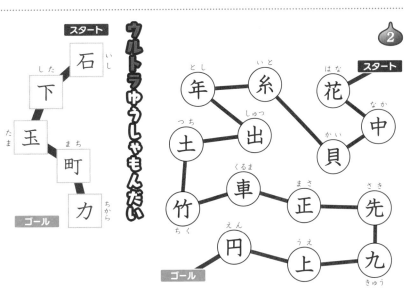

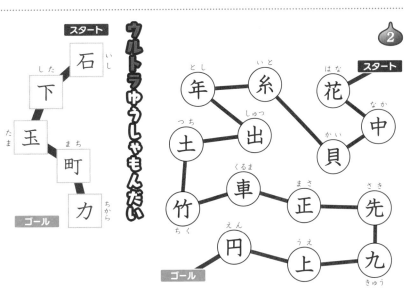

24 ジュクゴーの森《もり》の 中《なか》へ

赤《あか》い○と矢印《やじるし》のしめす線《せん》が正解《せいかい》。

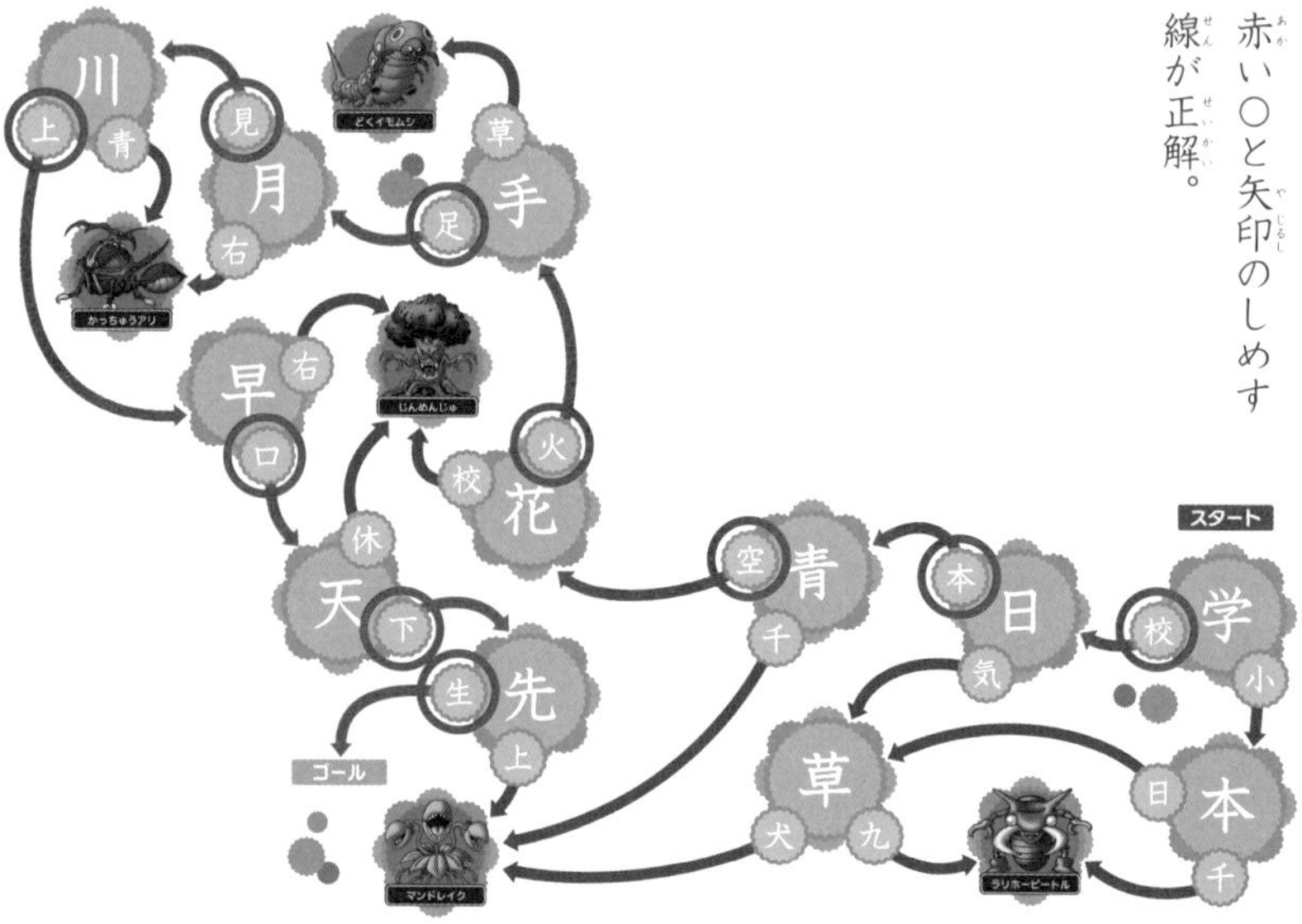

25 ジュクゴーの大木《たいぼく》を のぼろう

1

じんめんじゅ1体《たい》　木

じんめんじゅ2体《たい》　林

2

生《せい》	花
先《せん》	生
目	先
木《もく》	目《め》
大《たい》	木《ぼく》

上《じょう》	空
年	上
学	年
見	学《がく》
花《はな》	見

じんめんじゅ3体《たい》　森

じんめんじゅ5体《たい》　森林

26 ジュクゴーの大木《たいぼく》の ちょう上《じょう》

1

日

休　休日

本　本日

（日本《にほん》でも正解《せいかい》）

先　先日

一　一日

夕　夕日

月　月日

2

空

大　大空

白　空白

気　空気

青　青空

耳　空耳

上　上空

天　天空

ウルトラゆうしゃもんだい

上手 ― じょうず

二十日 ― はつか

大人 ― おとな

二人 ― ふたり

七夕 ― たなばた

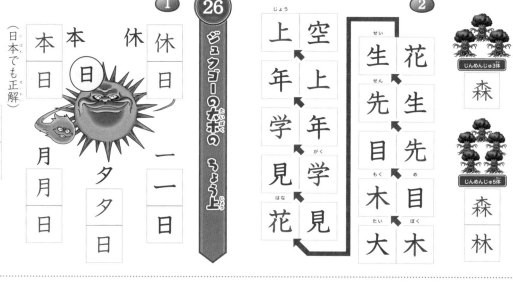

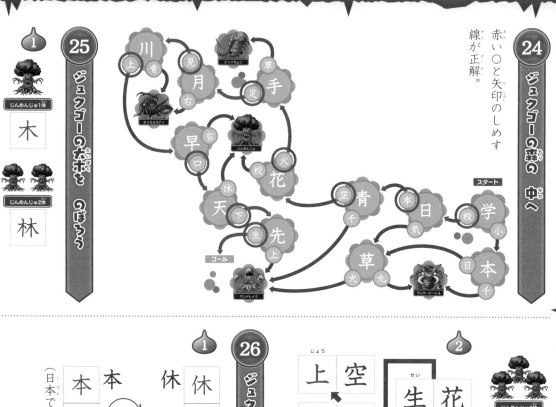

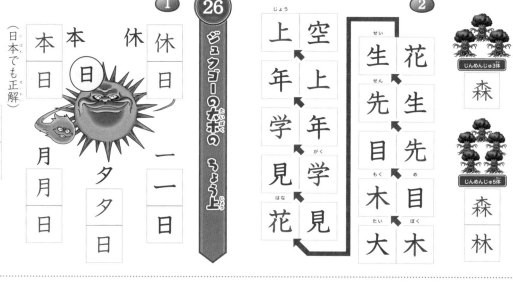

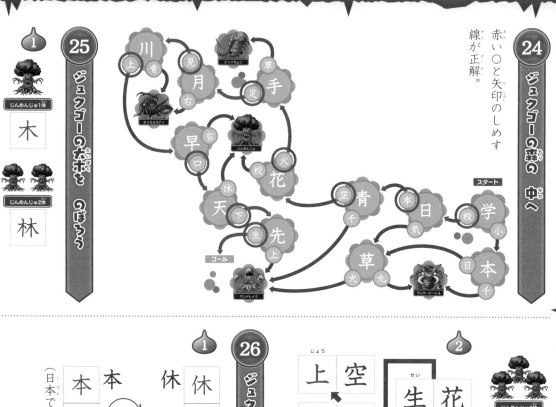

27 オンフーンのぬま地《ち》を 目《め》ざす

スタート

先《さき》	水《すい》	手《しゅ》	左《さ》	王
百	八	田	子《し》	休
花	森《しん》	六	車《しゃ》	音
校	糸《し》	玉	気	円

ゴール

スタート

白《しろ》	草《そう》	村《そん》	青《せい》	八	木
天	火	立	山《さん》	犬	足《そく》
虫	生《せい》	大	空《そら》	名	文
目	早《そう》	見	赤《せき》	石《せき》	入
力	七《しち》	六	口	右	九

ゴール

ウルトラゆうしゃもんだい

中

【かいせつ】 漢字《かんじ》の読《よ》み方《かた》が、「あめ」、「かわ」、「さん」、「た」、と「あかさたな」の順番《じゅんばん》になっているので、□に入《はい》るのは「中(なか)」になる。

28 リカントたちとの たたかい!

① 入口
② 三
③ 大
④ 口
⑤ 糸
⑥ 中
⑦ 先
⑧ 左右
⑨ 手
⑩ 円
⑪ 小
⑫ 空
⑬ 天
⑭ 正
⑮ 目
⑯ 力
⑰ 白目
⑱ 耳
⑲ 気
⑳ 足早

29 オンフンのどうくつの ふういん

入口《いりぐち》

	3 大中	4 手口	5 犬玉	2 山九
3 六山	2 口力	7 虫花	6 名目	3 力夕
4 女火	5 耳田	8 雨草	5 月四	4 日女
7 足空	6 貝気	7 年町	6 休石	

地《ち》下《か》二《に》かいへ

入口《いりぐち》

3 立女	5 名石	7 森村	10 草校	6 竹車	4 子円
7 車気	9 雨音	3 中子	5 虫目	5 水出	7 早赤
	8 学糸	6 左字	6 出百	8 音金	2 十子
12 校森	4 山文		9 青草	4 月白	

ウルトラゆうしゃもんだい

大
十
字

30 ふういんの とびらを ひらこう

金《きん》が正解《せいかい》。

雨	車	貝	二	林	村	青	花
耳	見	六	森	土	年	草	足
音	七	赤		空	四	町	雨
一	草	五	木	日	校	七	村
町	年	百	火	気	貝	耳	糸
青	学	月	水	水	車	森	見
足	日	気	金	百	三	花	学
林	校	二	五	火	赤	音	糸
四	三	木	土	六	月	一	空

31 七体目《ななたいめ》の なかまモンスター

1

①

目

②

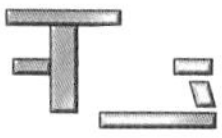

玉

③

百

④

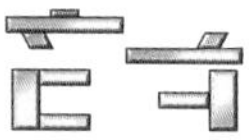

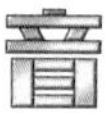

音

ウルトラゆうしゃもんだい

2

①

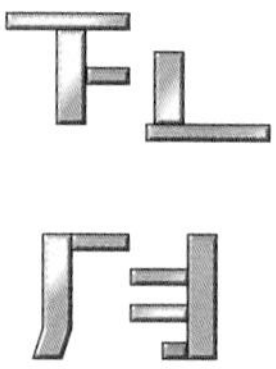

正
月

②

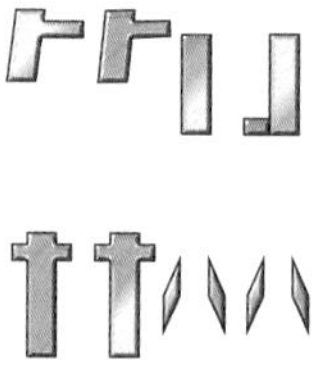

竹
林

③

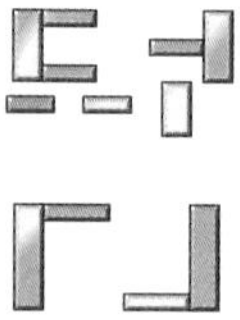

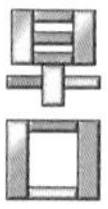

早
口

ウルトラゆうしゃもんだい

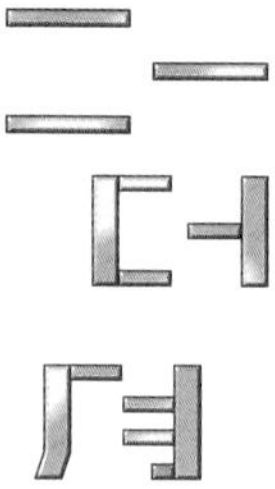

三
日
月

32 パワーアップの しゅぎょう

グランドクロス一回目《いっかいめ》

	雨《あま》	
下《げ》	水	田《でん》
	玉《たま》	

グランドクロス二回目《にかいめ》

	下《した》	
月《つき》	見	学《がく》
	本《ほん》	

グランドクロス三回目《さんかいめ》

	花《はな》	
出《しゅつ》	火	力《りょく》
	山《ざん》	

グランドクロス四回目《よんかいめ》

	五《ご》	
人《ひと》	目	玉《だま》
	先《さき》	

（四回目《よんかいめ》は、「手《て》」でも正解《せいかい》）

ウルトラゆうしゃもんだい

	口	
目	先	月
	手	

33 大《たい》りくの はしを 目《め》ざそう

上がる → 早い → 見る → 正しい → 学ぶ → 休む

上 がる
早 い
見 る
正 しい
学 ぶ
休 む

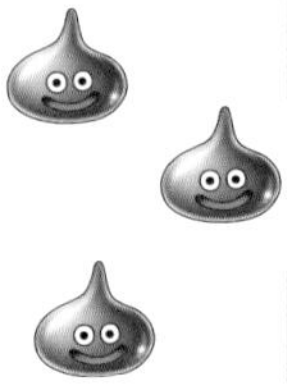

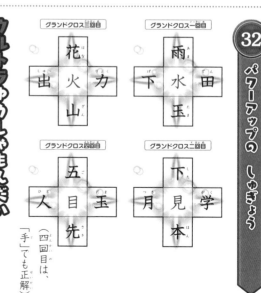

森	林

名字　天下

男	女

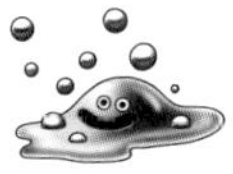

三日月　人力車

（はぐれメタルとメタルキングの問題《もんだい》は、どの場《ば》所《しょ》に答《こた》えの漢字《かんじ》が書《か》いてあっても正解《せいかい》）

34 にじのはしを　かけよう！

❶ 七　六　五　四　三　二　一

❷ 火、下、日、貝、学、月、金、上、空、川、気、木、九、休、玉、口、草、車、犬、見、小、子、五、校　などが書《か》けていれば正解《せいかい》。

❸ 水、山、川、木、天、田、竹、虫、花、貝、空、雨、林、草、森　などが書《か》けていれば正解《せいかい》。

❹ 大、中、小、上、下、右、左　などが書《か》けていれば正解《せいかい》。

❺ 月、火、水、木、金、土、日

35 りゅうおうじょうへの道《みち》

スタート

あ	め	ま	る	く
し	い	み	ろ	ち
ろ	と	み	つ	く
は	つ	ね	き	さ
い	ら	か	ち	き
ぬ	き	さ	ん	ぶ

ゴール

スタート

し	や	は	し	き	ん	ほ
も	り	あ	ん	み	り	ん
く	ほ	か	り	ん	い	と
る	ん	お	あ	ま	る	ぐ
ま	お	あ	い	せ	い	ろ
ら	ぞ	き	せ	ん	み	が

ゴール

ウルトラゆうしゃもんだい

は	て	ま	げ	れ
な	ば	ほ	の	ち
か	ぬ	う	も	か
ま	か	ん	じ	ら

【かいせつ】　読《よ》み方《かた》で囲《かこ》った部分《ぶぶん》をつなげると、「山《やま》」という漢字《かんじ》が見《み》つかる。

36 強《きょう》てきたちとの　たたかい！

1

❶ 左右　❷ 入口　❸ 文字

❹ 名人　❺ 本気　❻ 上空

2

❶ 雨音　❷ 青空　❸ 本日

❹ 男女　❺ 夕日　❻ 森林

【かいせつ】ならべかえると、❶アマオト、❷アオゾラ、❸ホンジツ、❹ダンジョ、❺ユウヒ、❻シンリン、となる。

3

❶ 生年月日

❷ 五百円玉

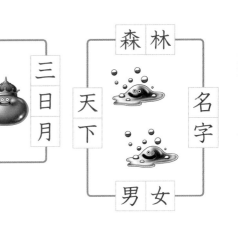

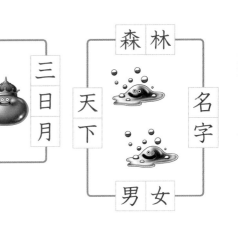

37 りゅうおうが　あらわれた！

❶出　❷足　❸車
❹中　❺町　❻犬
❼六　❽虫　❾糸
❿年月　⓫学校　⓬大木
⓭先生　⓮女子　⓯竹林
⓰青空　⓱天下
⓲上中下　⓳三日月
⓴小学生　㉑十文字

38 りゅうおうが　正体《しょうたい》を　あらわした！

❶草木　❷大木　❸木立
❹赤土　❺土足　❻出土
❼火山　❽火花　❾休日
❿十日　⓫雨水　⓬水力
⓭名月　⓮年月　⓯正月
⓰金目　⓱大金　⓲金山

39 ゆうしゃと　なかまの　こうげき

赤《あか》い線《せん》の部分《ぶぶん》が正解《せいかい》の画数《かくすう》。

40 りゅうおうとの　けっちゃく！

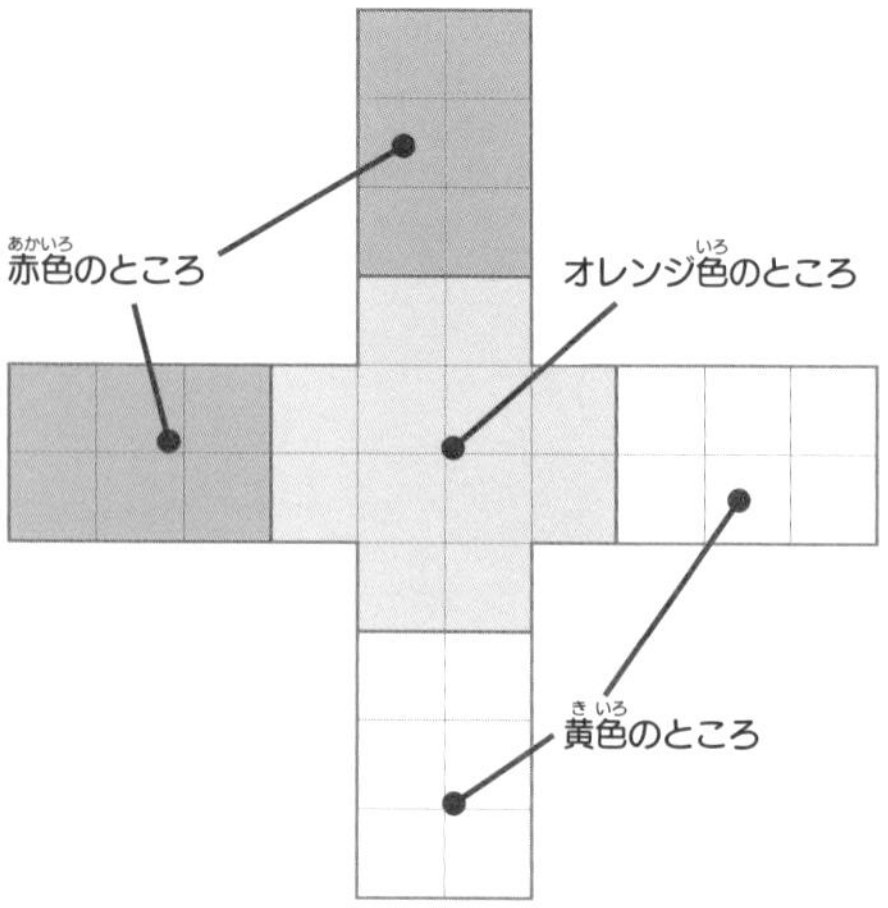

■赤色《あかいろ》のところ（六画以上《ろっかくいじょう》の漢字《かんじ》）
百、休、先、名、字、年、早、気、竹、糸、耳、虫、村、男、町、花、見、貝、赤、足、車、金、青、空、雨、学、林、草、音、校、森
などが書《か》けていれば正解《せいかい》。

■オレンジ色《いろ》のところ（四画《よんかく》と五画《ごかく》の漢字《かんじ》）
五、六、日、月、火、水、木、天、手、文、中、円、王、犬、四、左、右、田、石、生、出、本、正、白、目、立、玉
などが書《か》けていれば正解《せいかい》。

□黄色《きいろ》のところ（一画《いっかく》、二画《にかく》、三画《さんかく》の漢字《かんじ》）
一、二、七、八、九、十、人、入、力、三、千、土、上、下、大、山、川、子、小、夕、女、口
などが書《か》けていれば正解《せいかい》。

（この八十字《はちじゅうじ》以外《いがい》でも、正《ただ》しい漢字《かんじ》を書《か》けていれば正解《せいかい》）